Carlo Ortmann

Verletzungen und Überlastungsschäden

im Fitnessstudio

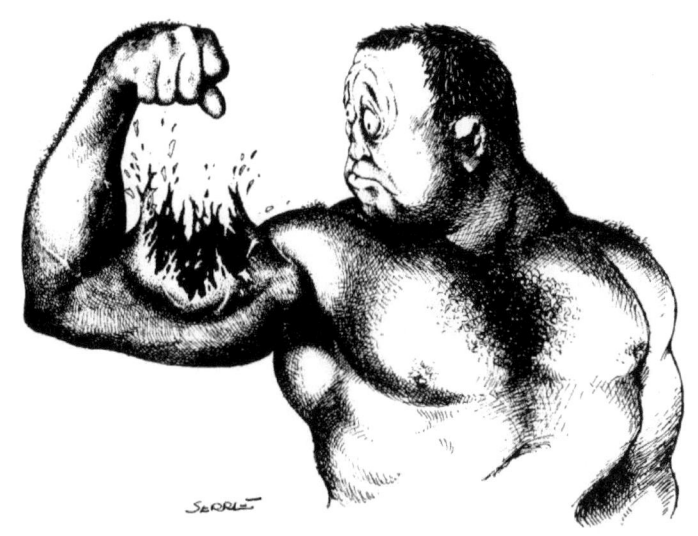

(Serre, 1977)

Verletzungen und Überlastungsschäden im Fitnessstudio

Bachelor-Arbeit

vorgelegt im Rahmen der Bachelor-Prüfung
für den 2-Fächer-Bachelor-Studiengang
im Teilstudiengang Sport / Sportwissenschaften

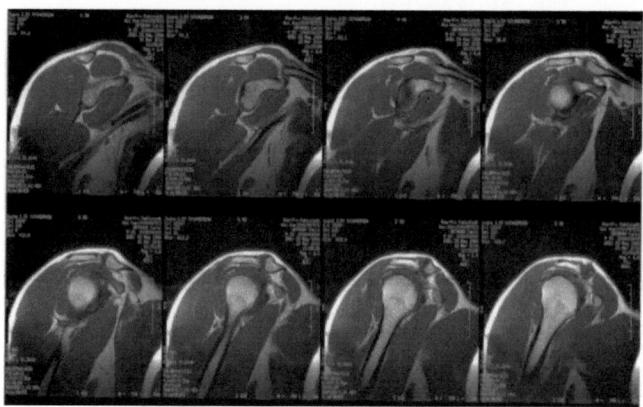

Autor: Carlo Ortmann
Matrikel-Nummer: 936247
Ort: Osnabrück
Abgabedatum: 03.06.2012
Erstprüfender: Prof. Dr. Peter Elflein
Zweitprüfender: PD Dr. Martin Engelhardt

Bibliografische Information der Deutschen Nationalbibliothek: Die Deutsche Nationalbibliothek verzeichnet diese Publikation in der Deutschen Nationalbibliografie; detaillierte bibliografische Daten sind im Internet über dnb.dnb.de abrufbar.

© 2017 Carlo Ortmann

Herstellung und Verlag:

BoD – Books on Demand, Norderstedt

ISBN: 9783743111493

Inhaltsverzeichnis

1. Einleitung 9
2. Sport und Gesundheit in unserer Gesellschaft 13
   - 2.1 Fitness 17
   - 2.2 Das Fitnessstudio 22
3. Sportverletzungen & Sportschäden 26
4. Anatomie (Der Bewegungsapparat) 31
   - 4.1 Gelenke und Bänder 31
   - 4.2 Muskulatur 34
   - 4.3 Knochen 36
5. Trainingslehre 38
   - 5.1 Konditionelle Fähigkeiten 39
     - 5.1.1 Kraftfähigkeiten 40
     - 5.1.2 Ausdauerfähigkeiten 45
     - 5.1.3 Beweglichkeit 46
     - 5.1.4 Schnelligkeit 48
   - 5.2 Trainingsmethodik 50
     - 5.2.1 Belastungsnormative 51
     - 5.2.2 Krafttrainingsmethoden im Fitnessstudio 52
     - 5.2.3 Warm-up 57
6. Wirkungen des Muskelkrafttrainings auf den Bewegungsapparat 58
7. Empirische Studie 60
   - 7.1 Einleitung / Problemstellung 61
   - 7.2 Erhebungsmethoden 62
     - 7.2.1 Theoretische Darlegung der Erhebungsmethode Fragebogen 63
     - 7.2.2 Auswahl der Stichprobe 64

    7.2.3 Design 65
       7.2.4 Inhaltliche Aspekte der Befragung 67
  7.3 Ergebnisse.. 69
  7.4 Diskussion 79
8. Schluss 99
9. Literaturverzeichnis 102
10. Anhang.. 108

Abbildungsverzeichnis

Abbildung 1: Das Gesundheitsmodell (vereinfacht nach Antonovsky 1979; Quelle: Boeckh-Behrens & Buskies, 2002) 16

Abbildung 2: Die Säulen der Fitness (Boeckh-Behrens & Buskies, 2002) 20

Abbildung 3: Die mitgliederstärksten öffentlich organisierte Sportarten in Deutschland (http://www.dssv.de/index.php?id=73) 24

Abbildung 4: Erscheinungsformen der Kraft (Dickhuth et al., 2007) 42

Abbildung 5: Trainingsanteile 67

Abbildung 6: Ziele im Fitnessstudio 70

Abbildung 7: Häufigkeit des Aufwärmprogramms 71

Abbildung 8: Herzkreislauferwärmung & spezifische Erwärmung vor den Übungen 71

Abbildung 9: Physische Erkrankungen/Verletzungen im Fitnessstudio 73

Abbildung 10: Prozentuale Verteilung der Beschwerdebilder 74

Abbildung 11: Häufigkeit der Beschwerden bei den Studienteilnehmern 74

1. Einleitung

In der Natur gilt „Survival of the Fittest" (Herbert Spencer): Doch wie viel Fitness ist für uns gesund?

Dieses Zitat von Herbert Spencer erlangte in der Evolutionstheorie von Charles Darwin Berühmtheit. Es bedeutet das Überleben des am besten angepassten Individuums. In der heutigen Gesellschaft geht es zwar nicht direkt ums Überleben, doch Fitness hat auch hier einen großen Stellenwert. „Körperlich fit zu sein, heißt, über ein gewisses Maß an Ausdauer, Kraft und Beweglichkeit zu verfügen" (Medler & Mielke, 1998). Begriffe wie Fitness und Gesundheitssport gewinnen daher zunehmend an Bedeutung und mit ihnen das Training im Fitnessstudio. In Deutschland ist fast jeder Zehnte Mitglied in einem Fitnessstudio um seinen gesundheitlichen und sportlichen Zielen näher zu kommen (vgl. Deloitte GmbH, 2012). Damit ist das Fitnessstudio die mitgliederstärktste öffentlich organisierte Sportart in Deutschland. Fitnessstudios gelten als Institution der Gesundheit und der Fitness. Das Trainieren an den Geräten verspricht eine Steigerung des körperlichen Wohlbefindens, einen Ausgleich zum stressigen Alltag, Gesundheitsförderung, Rehabilitation von Verletzung und allgemein eine Verbesserung des körperlichen Zustandes. Doch das Training im Studio stellt, wie jede andere Sportart, auch eine Belastung des Organismus dar, und damit auch ein Risiko, an Verletzungen und Überlastungsschäden zu erkranken.

Eine sportliche Aktivität hat Vor- und Nachteile, einerseits soll sie gesundheitsfördernd sein, andererseits steigert sie auch die Gefahr einer Verletzung. Bei den meisten Sportarten ist man sich über die Risiken bewusst, doch beim Fitnesstraining spricht man kaum von

Gefahren. Die Frage, die man sich in diesem Zusammenhang stellen muss, lautet: Wann ist Fitnesstraining nicht gesund?

Die Datenlage zu dieser Thematik ist zumindest in Deutschland bisher sehr überschaubar. Arbeiten, die sich mit den positiven Auswirkungen des Fitnesstrainings auseinandersetzen, erfreuen sich eindeutig größerer Beliebtheit. Es existieren vereinzelte Studien, z.b. von Ritsch und Geisler, die sich mit den gesundheitskritischen Folgen des Bodybuildings und Krafttrainings auseinandersetzen.

Im Fokus dieser Arbeit stehen die Gefahren und Risiken, die mit dem Training im Fitnessstudio verbunden sind und denen in den meisten Fällen zu wenig Beachtung geschenkt wird. Harmlose Verletzungen wie Zerrungen, Schwielen, oder auch Muskelkater gehören fast zwangsläufig zum Training dazu. Problematisch sind hingegen Degenerationserscheinungen im Bereich Sehnen und Gelenke, die die Funktion des betroffenen Organs maßgeblich einschränken können, bis hin zum Funktionsverlust. Die Problematik, der nachgegangen werden soll, betrifft die Frage nach typischen Beschwerdebildern im Fitnessstudio und ihren Ursachen.

Diese Arbeit beschäftigt sich einerseits mit der Ursachenforschung, andererseits mit der tatsächlichen Verletzungshäufigkeit im Fitnessstudio. Welche Körperregionen sind besonders gefährdet und gibt es Unterschiede der Verletzungen und Schäden in Bezug auf Art, Struktur und Häufigkeit?

Um Antworten auf die gestellten Fragen zu finden, wird eine Studie zu dem Thema „Verletzungen und Überlastungsschäden im Fitnessstudio" durchgeführt. Die Studie soll über eine Fragebogenerhebung Aufschluss über Ziele, Trainingsgestaltung und Erwärmungsverhalten liefern und in Verbindung mit Verletzungen ausgewertet werden. Eine Einteilung der Studienteilnehmer in

Kraftsportler und Fitnesssportler soll hierbei die verschiedenen Aspekte des Fitnesstrainings und eventuell daraus resultierende Risiken noch intensiver herausstellen.

Im Krafttraining steht vermutlich der Wunsch einer Steigerung der Kraftfähigkeiten und einer Erhöhung der Muskelmasse im Mittelpunkt. Die Optik spielt hierbei häufig eine entscheidende Rolle. Fitnesstraining dagegen zielt voraussichtlich meist auf eine Erhaltung bzw. Verbesserung der körperlichen Leistungsfähigkeit und Gesundheit ab. Die Annahme, dass Fitnesstraining weniger Beschwerden nach sich zieht, liegt deshalb nahe.

Die Studie geht nicht auf das Training im Kursbereich ein, sondern konzentriert sich auf das Training an den Geräten. Sie beschäftigt sich mit Verletzungen und Überlastungsschäden und nicht mit der Thematik der höchstmöglichen Leistungssteigerung.

Die Arbeit ist vor allem für all diejenigen interessant, die selber im Studio trainieren oder sonst eine engere Beziehung zu diesem Sport haben. Wer sich für das Themenfeld Sport und Gesundheit in unserer Gesellschaft interessiert, könnte ebenfalls von dieser Arbeit angesprochen werden und neue Erkenntnisse gewinnen. Auch weniger in die Thematik involvierte Leser bekommen durch die ersten Kapitel ein einen Einblick über die komplexe Themenlage vermittelt.

Die aufeinander aufbauenden Kapitel sollen nachvollziehbar an das Thema „Verletzungen und Überlastungsschäden im Fitnessstudio" heranführen. Um die Aufgaben des Fitnessstudios im Ganzen erfassen zu können, muss zuerst die Entwicklung von Sport und Gesundheit in der Gesellschaft betrachtet werden. Das zweite Kapitel geht auf die Entwicklung der letzten Jahrzehnte ein und erklärt die Gründe, die zu Veränderungen führten. Der Begriff Fitness entwickelte zu dieser Zeit eine ganz neue Bedeutung und begann sich immer fester in den Kontext von Sport und Gesundheit einzugliedern. Die Arbeit beleuchtet den Begriff etwas genauer und schließt den Bogen zum Fitnessstudio und dessen Entwicklung in den letzten 50 Jahren. Dabei wird vor allem die gesellschaftssportliche Relevanz herausgestellt, indem auf das Sporttreiben insgesamt eingegangen wird.

Neben den Aufgaben und Zielen des Fitnessstudios soll im dritten Kapitel auf die Bedeutung von Verletzungen und Schäden eingegangen werden. Neben den positiven Auswirkungen des Sporttreibens existieren auch Risiken, die den menschlichen Organismus schädigen können. Das Kapitel erklärt auf der einen Seite die Struktur von Verletzungen und auf der anderen Seite die Ursachen. Es wird auf Körperregionen eingegangen, bei denen unter bestimmten Belastungen und in bestimmten Sportarten ein erhöhtes Verletzungsrisiko vorliegt.

Im vierten Kapitel wird dann näher auf die gefährdeten Körperstrukturen eingegangen und das beteiligte Gewebe etwas genauer betrachtet. Im Mittelpunkt stehen die Gelenke, Bänder, Knochen und die Muskulatur, welche am häufigsten von sportlichen Belastungen beeinträchtigt werden. Ein Blick in die Trainingslehre in Kapitel Fünf soll die Zusammenhänge von Training im Fitnessstudio und den daraus resultierenden Folgen herstellen. Die konditionellen Fähigkeiten stehen dabei im Fokus, da sie direkt die Belastung steuern und langfristig auch eine Auswirkung auf die Belastbarkeit des Sportlers haben (vgl. Schnabel & Thieß, 1986). Im weiteren Verlauf werden Trainingsmethoden und Belastungsnormative vorgestellt und Einschätzungen getroffen, welche Stellschrauben zu einer erhöhten Verletzungsgefahr führen könnten. Insbesondere auf Methoden des Krafttrainings im Studio wird noch einmal gesondert eingegangen. Des Weiteren wird auch die Bedeutung eines Aufwärmprogramms dargelegt und erörtert, welche Relevanz diesem tatsächlich zukommt. Im sechsten Kapitel wird nun direkt auf die Auswirkung von Krafttraining auf den Bewegungsapparat und die damit zusammenhängenden Risiken eingegangen. Im Kapitel Sieben wird die Studie „Verletzungen und Überlastungsschäden im Fitnessstudio" vorgestellt. Zuerst wird die Problemstellung beschrieben, auf die Erhebungsmethode Fragebogen, auf die Auswahl der Stichprobe und auf das Design eingegangen. Darauf folgend werden die wichtigsten inhaltlichen Aspekte des Fragebogens dargelegt. Zum Schluss bietet der Ergebnisteil eine Übersicht über die erfassten Daten, die im Anschluss in einer Diskussion bewertet werden. Im Schlussteil wird abschließend ein Fazit gezogen und die wichtigsten Erkenntnisse noch einmal aufgeführt.

2. Sport und Gesundheit in unserer Gesellschaft

Um den heutigen Stellenwert der Fitnessstudios zu begreifen, muss man vorerst einen Blick auf die Bedeutung von Sport und Gesundheit in unserer Gesellschaft werfen. Gesundheit und Sport sind für viele Menschen eng miteinander verbunden. Sport betreiben bedeutet oft gleichermaßen, etwas für seine Gesundheit tun. Die Fortschritte in der Medizin und die Steigerung der Lebensqualität in den Industriestaaten haben den Blick auf Gesundheit deutlich verschoben. Während der Fokus früher primär auf Infektionskrankheiten lag, hat sich das Gesundheitsverständnis inzwischen zu einem komplexen Gesundheitsmodell gewandelt, in dem körperliche Betätigung eine entscheidende Rolle spielt. Auch die Sportwissenschaft konzentriert sich immer mehr auf den Bereich Sport und Gesundheit. Es ist zu erwarten, dass aufgrund des gesellschaftlichen Bewegungsmangels, nur bei ca. 15-27% der erwachsenen Bevölkerung entspricht das Niveau der körperliche Aktivität den Präventionsempfehlungen (vgl. Cordain et al., 1998), die wissenschaftliche Bearbeitung dieses Themenbereichs noch weiter an Bedeutung gewinnen wird (vgl. Bös, 1997).

Die Begriffskombination „Sport und Gesundheit" besitzt eine lange Historie, deren Anfänge in der Sportmedizin zu sehen sind. Um den heutigen Stand des Themenfeldes verstehen und interpretieren zu können, spielen vor allem die Entwicklung und Abhängigkeiten in der Sportmedizin, im organisierten Sport, in der Sportwissenschaft und in der Gesundheitspolitik eine große Rolle. (Waffenschmidt, 2011)

Waffenschmidt weist jedoch darauf hin, dass „Sport und Gesundheit" nur im weiten Sportverständnis korrelieren, da die wesentlichen Elemente des engen Sportverständnis, wie ein festes internationales Regelwerk, klar definierte messbare Ziele und ein organisierter Wettkampf (vgl. Wopp, 2006), nur bedingt erfüllt werden (vgl. Waffenschmidt, 2011). Das weite Sportverständnis hingegen bedingt nicht die Organisation im Wettkampf und erlaubt die individuelle Zielsetzung, es schließt das enge Sportverständnis allerdings mit ein (vgl. Wopp, 2006).

Auch im Vereinssport steigt die Zahl der Angebote auf dem Gesundheitssektor stetig an. Es ist ein Umbruch im Sportsystem zu erkennen, welcher von einer gesundheitssportlichen Orientierung anstatt einer leistungsbezogenen Orientierung geprägt ist. Das traditionelle Wettkampfsystem musste immer mehr dem wachsenden gesundheitsbezogenen Angebot weichen, welches in den Achtzigern des vergangenen Jahrhunderts einen wahren Boom erlebte (vgl. Jütting, 2002). So forderte die Weltgesundheitsorganisation (WHO) 1986 zum

Abschluss der „Ersten Internationalen Konferenz der Gesundheitsförderung" eine Stärkung des Gesundheitsverhaltens sowie der Gesundheitsverhältnisse. Die Kernziele des Gesundheitssports, die Stärkung physischer Gesundheitsressourcen, die Steigerung der Kraft, der Dehnfähigkeit, der Ausdauer, der Koordination und der Entspannungsfähigkeit, sollten den Rahmen für strukturierte Interventionsmaßnahmen (Gesundheitssportprogramme) bieten (vgl. Brehm & Gradel, 2006). In diesem Zusammenhang nahm die Bedeutung und das Interesse an der Sportmedizin seit den Achtzigern deutlich zu (vgl. Deutsche Klinik für Prävention KG, 2012).

Hans-Herrmann Dickhuth sieht die Aufgaben der Sportmedizin vor allem in der Präventiv- und Rehabilitationsmedizin. Im Mittelpunkt steht hierbei die Wirkung von körperlicher Aktivität und Bewegungsmangel auf den menschlichen Organismus (vgl. Dickhuth, 2005).

Aufgrund der beschriebenen, immer mehr an Bedeutung gewinnenden Ausrichtung des Sports auf seinen Nutzen für die menschliche Gesundheit wird deutlich, dass Gesundheit nicht nur die bloße Abwesenheit von Krankheit beschreibt. Vielmehr meint Gesundheit einen komplexen Zustand sowie physischer als auch psychischer Unversehrtheit. Diesen Bedeutungsumfang beschreibt der Begriff der Salutogenese, welcher in den 1970ern einen immer größeren Bekanntheitsgrad erlangte. Er wurde von dem Medizinsoziologen Aaron Antonovsky geprägt. Boeckh-Behrens und Buskies beschreiben ihr Gesundheitsmodell in Anlehnung an das Saluto-Genese-Modell von Antonovsky wie folgt:

> Wenn in bestimmten Phasen des Lebens die Risikofaktoren überwiegen – z.B. durch Überforderung und Stress in Beruf, Familie, Rauchen, Alkohol – tendiert der Mensch stärker zu

Krankheit; gewinnen die Schutzfaktoren die Oberhand – z.B. durch gesunde Lebensweise und gute medizinische Versorgung – nähert er sich der Gesundheit. (Boeckh-Behrens und Buskies, 2002)

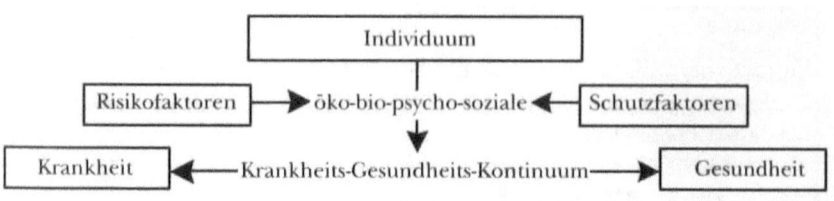

Abbildung 1: Das Gesundheitsmodell (vereinfacht nach Antonovsky 1979; Quelle: Boeckh-Behrens & Buskies, 2002)

Gesundheit wird demnach als ein großes Ganzes verstanden, als ein niemals endender Prozess, und nicht als Zustand. Gesundheit bezieht sich dabei nicht nur auf das Freisein von Erkrankungen, sondern auf ein sowohl körperliches als auch geistiges und soziales Wohlbefinden.

Auch die Wissenschaft reagiert auf die zunehmende Bedeutung von Gesundheit, weshalb seit den achtziger Jahren das wissenschaftliche Fach „Public Health" in Deutschland bekannt ist. „Public Health" ist ein Synonym für Gesundheitswissenschaften und ist an mehreren Universitäten Deutschlands ein eigener Studiengang. Es ist dem Themenfeld „Sport und Gesundheit" übergeordnet und hat als zentrales Anwendungsfeld die Prävention und Gesundheitsförderung. (vgl. Waffenschmidt, 2011).

Ziel der Prävention ist es, Krankheiten zu vermeiden. Dabei sollen Belastungen und Risiken soweit vermindert werden, dass die Wahrscheinlichkeit einer Gesundheitsstörung sinkt. Die Gesundheitsförderung setzt hingegen auf die Stärkung der

Gesundheitsressourcen und -potentiale. Sie hat somit einen salutogenetischen Ansatz und beschränkt sich nicht nur auf Vermeidung von Risikofaktoren, sondern zielt auch auf die Stärkung positiver Einflussfaktoren ab (vgl. Walter & Schwartz, 2003). Badura ist der Meinung, dass Prävention und Gesundheitsförderung im deutschen Gesundheitswesen bei weitem nicht den Stellenwert bekommen, der ihnen angesichts der gesellschaftlichen Lage zukommen müsste (vgl. Badura, 2000). Jedes Jahr sterben 2 Millionen Menschen aufgrund von Bewegungsmangel-erkrankungen. „Diese vermeidbaren Erkrankungen werden mindestens jeden sechsten Euro verschlingen, den wir in Deutschland erarbeiten" (WHO, 2002). Da körperliche Aktivität einen großen Teil der Prävention und der Gesundheitsförderung ausmacht, ist sie ebenfalls eng verknüpft mit „Public Health". Damit wird deutlich, dass Sportwissenschaft durchaus ein Teilgebiet der „Public Health" darstellt.

Hier stellt sich die Frage, welche sportlichen Anwendungsgebiete die Gesundheitsförderung bietet und welche Rolle das Fitnessstudio in diesem Zusammenhang spielt. Im Folgenden wird daher auf die Entwicklung der Fitnessszene eingegangen und aufgezeigt, welche ursprünglichen Sinnperspektiven mit ihr verknüpft waren.

2.1 Fitness

In diesem Abschnitt geht es um die Bedeutung des Bergriffs Fitness und es wird erörtert, inwiefern er direkt oder indirekt mit Gesundheit und Erkrankungen bzw. Schädigungen verbunden ist.

Der Begriff der Fitness bedeutet ursprünglich „Tauglichkeit bzw. Angepasstheit" und kommt aus der Biologie. Herbert Spencer prägte den Begriff mit seinem Ausdruck „survival of the fittest", was übersetzt

„Das Überleben des Angepasstesten" bedeutet. Charles Darwin übernahm dieses Zitat in seinem Werk „Über die Entstehung der Arten" und machte es damit zu einem zentralen Satz der Evolutionsbiologie (vgl. Darwin et al., 1860).

Im deutschen Sprachgebrauch ist der Begriff erst seit der Entstehung der Fitnessbewegung in den Fünfzigern des vergangenen Jahrhunderts fest integriert. Der Fitnessbegriff hat sich in den folgenden Jahrzehnten permanent weiter entwickelt. In den Siebzigern lag der Fokus noch auf einer athletischen Leistung, bevor in den Achtzigern immer mehr das Gesundheitsbewusstsein Einzug in die „Fitnessszene" hielt. In den folgenden Jahren spielte die Ganzheitlichkeit der Fitness eine immer größere Rolle. Freizeit und Breitensport drangen mehr und mehr in die „Fitnessszene" ein. Schnabel betont, dass Fitness eine wichtige Zielkomponente des Breitensports und der Freizeit darstellt, des Weiteren sieht er auch eine enge Verknüpfung mit dem Alltag, weil auch hier ein gewisses Fitnessniveau diesen erleichtern kann. Er distanziert sich außerdem von dem universellen Fitnessbegriff und weist stattdessen darauf hin, dass man lediglich „fit für eine Aufgabe" sein kann (vgl. Schnabel, 1993).

Grundsätzlich ist es schwer, eine feste Definition für den Begriff zu finden, da er in verschiedensten Kontexten seine Anwendung findet. Man kann grundsätzlich fit oder fit für eine Aufgabe sein, es kann auch ein Gegenstand wieder fit gemacht werden. „Fitness bezeichnet allgemein die Lebenstauglichkeit des Menschen sowie dessen aktuelle Eignung für beabsichtigte Handlungen" (Röthig & Prohl, 2003). Fitness auf die körperliche Leistung bezogen bedeutet „über ein gewisses Maß an Ausdauer, Kraft und Beweglichkeit zu verfügen" (Medler & Mielke, 1998).

Fitness ist folglich ein Zustand, an dem man permanent arbeiten muss. Die motorischen Leistungsfähigkeiten bzw. die Fitness ist keine Fähigkeit die, wenn einmal erlernt, einem ein Leben lang erhalten bleibt. Im Erwachsenenalter ist es ein ständiger Kampf, seine Fähigkeiten zu verbessern oder zumindest zu erhalten. Dabei geht es nicht nur um Fertigkeiten in spezifischen Sportarten, sondern auch um die Bewältigung des Alltags. Sportliche Aktivität ist hierbei unerlässlich und bietet die Möglichkeit, das Fitnessniveau bis ins hohe Alter zu halten (vgl. Eichberg, 2003).

Grundsätzlich lässt sich sagen, dass ein Anstieg der Fitness bis zum 30. Lebensjahr zu erkennen ist und von dort an das Niveau langsam sinkt. Dieser Rückgang ist etwa bis zum 60. Lebensjahr ein schleichender, stetiger Prozess, der sich von da an weiter verstärkt. Diese groben Zahlen sind von Individuum zu Individuum unterschiedlich und unterliegen noch weiteren Faktoren. Unterschieden werden muss zwischen altersbedingten Effekten und Lebensgewohnheiten, zu denen auch die sportliche Betätigung zählt. Wie bereits erwähnt, hat mangelnde Bewegung negative Auswirkungen auf die Gesundheit und somit auch auf die Fitness. Körperliche Inaktivität führt beispielsweise nachweislich zur Atrophie der Muskulatur (vgl. Baur et al., 1994).

Boeckh-Behrens und Buskies beschreiben Fitness deshalb als einen wesentlichen Aspekt der Gesundheitsförderung. Dabei ist Fitness nicht als ein dem komplexen Gesundheitsbegriff ähnliches, weites Bezugsfeld, sondern als ein wesentlich engerer Bereich anzusehen. Boeckh-Behrens und Buskies haben das Modell „Die Säulen der Fitness" entwickelt, welches gesundheitsorientierte Fitness und sportartenorientierte Fitnessaspekte unterscheidet (vgl. Boeckh-Behrens & Buskies, 2002).

FITNESS	
Gesundheitsorientierte Fitness	**Sportorientierte Fitness**
• Aerobe Ausdauer • Kraftausdauer • Optimale Beweglichkeit • Psychische und physische Entspannungsfähigkeit • Gesunde Ernährung optimale Körperzusammensetzung • Allgemeine Koordinationsfähigkeit	• Gesundheitsorientierte Fitnessfaktoren • Anaerobe Ausdauer • Schnellkraft, Explosivkraft, Maximalkraft, Reaktivkraft • Schnelligkeit, Schnelligkeitsausdauer • Maximale Beweglichkeit (Hyperflexibilität) • Spezielle Koordinationsfähigkeit, sportartspezifische Techniken • Weitere sportorientierte Fitnessfaktoren

Abbildung 2: Die Säulen der Fitness (Boeckh-Behrens & Buskies, 2002)

Die gesundheitsorientierten Fitnessaspekte haben eine zentrale Bedeutung für die Gesundheit und gleichzeitig ein geringes Schädigungsrisiko für den menschlichen Organismus. Verletzungen und Überlastungsschäden sind selten die Folge eines gesundheitsorientierten Fitnesstrainings (vgl. Boeckh-Behrens & Buskies, 2002).

Die sportorientierte Fitness geht hierbei jedoch häufig über die Belastungsgrenzen hinaus. Je nach Sportart oder Disziplin können spezifische Verletzungen und Verschleißerscheinungen auftreten. Explosive Bewegungen, Belastungsspitzen, Ausbelastungen bis zur Erschöpfung und ein hoher Belastungsumfang können hierfür der Auslöser sein. Dies gilt vornehmlich für Leistungssportler, ist aber auch zunehmend im Breitensport, in der Freizeit und auch im Schulsport der Fall (vgl. Boeckh-Behrens & Buskies, 2002). Demnach kann Fitness,

neben einer Anpassung auf ein Anforderungsprofil, auf der anderen Seite auch eine Belastung für den Organismus sein.
Kayser entwickelte verschiedene Fitnesskonzepte, die je nach Anwendung zum Einsatz kommen.

Fitnesskonzepte (Kayser 1992):
- Prävention gegenüber Krankheiten
- Retardation des Alterungsprozesses
- Erhaltung und Steigerung der beruflichen Eignung
- Motorische Optimierung
- Wohlbefinden, Rekreation (Erholung)
- Beitrag zur Selbstverwirklichung
- Beitrag zum Kontakt mit der Umwelt

Oft sind mehrere Fitnesskonzepte miteinander verbunden, was wiederum das Definieren erschwert. Innerhalb dieser Konzepte existiert eine unterschiedliche Gewichtung, was die Erhaltung von Gesundheit betrifft. Gegenüber den Säulen der Fitness von Boeckh-Behrens und Buskies wird bei Kaysers Konzepten kaum auf möglicherweise belastende Inhalte des Fitnesstrainings eingegangen.
Abschließend lässt sich sagen, dass Fitness auf der einen Seite die körperlichen Voraussetzungen beschreibt, die benötigt werden, um den Alltag zu bewältigen oder sportliche Leistung zu erbringen, durch Kraft, Ausdauer, Beweglichkeit und koordinative Fähigkeiten, und auf der anderen Seite auch eine gewisse psychische Belastbarkeit bzw. Eigenschaften wie Stresstoleranz, Selbstvertrauen und eine optimistische Grundhaltung beinhaltet. Des Weiteren wurde auf unterschiedliche Anwendungsfelder eingegangen, die wiederum verschiedene Beziehungen zu Gesundheit und Gesundheitsrisiken

etablieren. Der nächste Punkt widmet sich ausführlich der Geschichte und den Inhalten des Fitnessstudios.

2.2 Das Fitnessstudio

Ein Fitnessstudio ist ein Ort, an dem explizit an der Verbesserung der motorischen Grundeigenschaften gearbeitet wird.

Fitnessstudios und synonym benutzte Begriffe, wie z.B. Sportstudios, Fitnessclubs, Fitnesszentren, Health Clubs, sind alle in diesem Sinne betriebene Anlagen, die Fitnesstraining anbieten (Kraft-, Kardio- und Aerobic-Training) und aus den Bodybuildingstudios hervorgegangen sind, bei denen Training mit Widerstandsgeräten und Hanteln im Vordergrund stand. (Dilger, 2008)

Gezieltes Training des Körpers hat schon weit in der Vergangenheit seinen Ursprung. Die Vorläufer der heutigen Fitnessstudios traten etwa Mitte des 19. Jahrhunderts das erste Mal auf und sowohl in Amerika als auch in Europa waren die ersten Schritte einer Körperkulturbewegung zu erkennen. Der Gesundheitsaspekt spielte dabei noch eine untergeordnetere Rolle als heute (vgl. Wedemeyer-Kolwe, 2004). Diese Bewegung „spiegelte die Bedürfnisse der Gesellschaft im Deutschen Kaiserreich und der darauf folgenden Zeit der Weimarer Republik nach Individualisierung und Sinnsuche wider" (vgl. Dilger, 2008). Im Dritten Reich wurde versucht, den Sport und die Leibesübungen in eine andere Richtung zu drängen, die mit der Ideologie der Nationalsozialisten konform war. Die ganzheitliche Gesundheit wurde dem starken kerngesunden Körper mit dem Fokus auf das Kraftbewusstsein und eine korrekten Haltung untergeordnet (vgl. Wedemeyer-Kolwe, 2004). 1945 ließ sich ein deutlicher sozialer Wandel in Deutschland erkennen und die gesellschaftlichen Bedürfnisse änderten sich aufgrund des zunehmenden Wohlstandes. Wissenschaftliche Fortschritte führten dazu, dass der Alltag zunehmend automatisiert wurde und Bewegungsmangelkrankheiten mehr in den Fokus des Gesundheitssystems rückten (vgl. Dilger, 2008). Aus den USA kam eine moderne Fitnessbewegung nach Europa, welche gegen 1970 auch in Deutschland immer mehr in den Mittelpunkt rückte. Kamberovic nimmt an, dass die Mitgliederzahlen in den Fitnessstudios in Deutschland um 1970 etwa bei 100.000 Mitgliedern lagen und bis 1990 auf 1,7 Millionen anstiegen (vgl. Kamberovic, 1996). Diese Zahl verdreifachte sich nahezu bis 2004, so dass bei einer statistischen Erhebung eine Mitgliederzahl von 4,66 Millionen ermittelt wurde (vgl. DSSV, 2005). In einer gemeinsamen Studie der Deloitte GmbH und des DSSV (Arbeitgeberverband der Fitness- und Gesundheitsanlagen e. V.) „Der deutsche Fitnessmarkt 2012" wurde ermittelt, dass die Mitgliederzahl in deutschen Fitnessstudios Ende 2011 bei 7,6 Millionen Mitgliedern lag. Die Zahl der Fitnessanlagen stieg damit von 1970 bis 2011 von ca. 500 auf 7.300 an. Mit 7,6 Millionen Mitgliedern ist der Fitnesssport die mitgliederstärkste öffentlich organisierte Sportart in Deutschland. Privat geplante sportliche Betätigungen, wie Laufen, Fahrrad fahren oder Wandern, fließen nicht in diese Statistik mit ein.

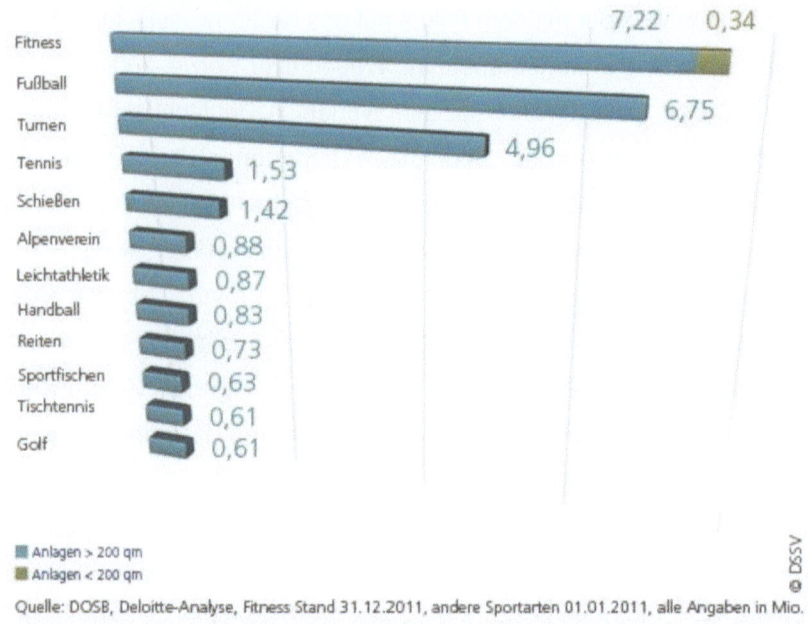

Abbildung 3: Die mitgliederstärksten öffentlich organisierten Sportarten in Deutschland (http://www.dssv.de/index.php?id=73)

Fast jeder zehnte Deutsche (9,3%) ist damit in einem Fitnessstudio angemeldet, was innerhalb Deutschlands ein Rekordhoch ist, im internationalen Vergleich jedoch eher Mittelmaß. In den USA oder auch den Niederlanden ist beispielsweise mit 15% die Mitgliedschaftsquote in Fitnessstudios noch deutlich höher. Wenn diese Zahlen nur auf die Bevölkerung in einem Alter von 18-65 bezogen werden, liegt die Penetrationsquote bei 14,5%. Auffällig ist, dass permanent neue Fitnesskonzepte entwickelt werden und eine Spezialisierung auf dem Fitnessmarkt immer wichtiger wird. Um den verschiedenen Wünschen und Bedürfnissen der zukünftigen Mitglieder zu entsprechen, ist es ratsam, sich klar zu positionieren, besonders an Standorten, an denen den Kunden mehrere Studios zur Verfügung stehen. Ob

Zirkeltrainingskonzepte für Frauen, Elektrostimulationsfitness, Einsatztraining, CrossFit-Training oder innovative Kursprogramme, die Nischensuche gewinnt in der boomenden Branche Fitness einen immer wichtigeren Stellenwert. Aber auch weiterhin befinden sich Günstiganbieter und Highclass-Studios ebenfalls im Wachstum und machen immer noch einen Großteil der Mitgliederzahlen aus. Günstiganbieter sparen meist bei der Betreuung der Kunden, stehen jedoch bei der Ausstattung häufig den teureren Studios in Nichts nach. Für Sportler, die sich im Sektor Fitness gut auskennen, sind Anbieter der niedrigeren Preiskategorie häufig die Ideallösung. Zudem bieten diese Anbieter häufig ausgedehntere Öffnungszeiten, bis hin zum 24 Stunden-Service. Highclass-Anbieter hingegen locken mit Exklusivität, Wellnessbereichen, Saunen, permanenter hochqualifizierter Betreuung und anderen speziellen Angeboten (vgl. Deloitte GmbH, 2012). Die Ausrichtung kann leistungs- oder gesundheitsorientiert sein, oft auch in Verbindung mit ärztlicher Betreuung bzw. Rehabilitation. Viele Fitnessstudios laufen in Kooperation mit Vereinen oder sind vereinseigen gegründet, was viele Vorteile für die Sportler des Vereins mit sich bringt. So können die Sportler, unabhängig von ihrer Sportart, weiter an ihren motorischen Fähigkeiten arbeiten, die sie beim sportartenspezifischen Training einsetzen. Gerade das Krafttraining erhält immer mehr Einfluss in anderen Sportarten, besonders im Leistungssport, da es eine Grundlage für viele sportliche Fertigkeiten darstellt (vgl. Dilger, 2008).

Das enorme Wachstum des Zweiges Fitness wirft zwangsläufig die Frage nach Sinnhaftigkeit, Chancen und Risiken auf. Die Verbindung von Sport und Gesundheit erreicht eine völlig neue Dimension und das Fitnessstudio scheint für viele Erkrankungen und Verletzungen die ideale Lösung zu sein. Möglicherweise geben die auseinander driftenden Zielperspektiven und Inhalte der verschiedenen Fitnessanbieter das Bild des gesunden Trainings nicht ganz wahrheitsgetreu wieder. Manche Fitnessstudios haben scheinbar gar nicht das Ziel eines gesundheitsfördernden Angebots, sondern zielen auf andere Zielperspektiven, wie z.b. „Verbesserung" des Aussehens, ab. Die Gesundheit des Körpers und das Vermeiden von Verletzungen und Schäden scheint also nur teilweise Hauptaugenmerk der heutigen Fitnesslandschaft zu sein.

3. Sportverletzungen & Sportschäden

Neben all den positiven Auswirkungen, die der Sport mit sich bringt, birgt er jedoch auch einige Gefahren. In diesem Kapitel werden Verletzungen und Schäden definiert und ein Überblick über die Körperregionen verschafft, die am häufigsten von Verletzungen betroffen sind.

Sportverletzungen und Sportschäden sind eine häufige Nebenwirkung des Sporttreibens. In Deutschland werden jährlich ca. zwei Millionen Sportverletzungen registriert, und die Zahl steigt stetig an (vgl. Schneider et al., 2006). Die Anforderungen an Kondition, Koordination und Kraft werden sowohl im Leistungssport als auch im Breitensport immer höher. Wettkampf- und Trainingsbelastungen werden größer und ziehen neben Verletzungen auch langwierige Überlastungsschäden nach sich (vgl. Hess, 1993).

Der Sportunfall ist ein plötzliches, unfreiwilliges, unvorhersehbares Ereignis, welches auf den Organismus einwirkt und diesen beschädigt. „Eine Sportverletzung wird durch einen Unfall verursacht" (Böhmer, 1986). Bestimmte Verletzungsmuster treten immer wieder auf und werden als typische Sportverletzungen bezeichnet. Jede Sportart hat seine eigenen typischen Sportverletzungen, die von den in der Sportart durchgeführten Bewegungsmustern und Bedingungen abhängen. Fehl- und Überlastungen können Körperstrukturen auf lange Sicht schädigen. Eine immer wiederkehrende fehlerhafte Belastung schädigt das Gewebe zwar akut nur geringfügig, kann aber über einen längeren Zeitraum zu einem Funktionsverlust führen. „Ein Sportschaden entsteht schleichend" (Böhmer, 1986). Wird dem beschädigten Gewebe keine oder nur eine ungenügende Pause gegeben, können die Mikroverletzungen nicht regenerieren und die Verletzung vergrößert sich bis in das Makroskopische. Die Folge sind Abnutzungserscheinungen, die langfristig zu einem ernstzunehmenden Sportschaden ausarten können. Häufig sind Abnutzungserscheinungen auch Vorläufer von einer Sportverletzung, da das geschwächte Gewebe anfälliger bei hoher Belastung ist. Knorpelverletzungen resultieren häufig aus einer Vorschädigung. Auf der anderen Seite werden auch häufig bleibende Einschränkungen nach einer Sportverletzung als Sportschaden bezeichnet.

Neben den gesundheitlichen Vorteilen kann sich das Risiko für Verletzungen und Sportschäden durch Sporttreiben erhöhen, was potentiell zu einer langanhaltenden Arbeitsunfähigkeit führen kann. Sport stellt demnach eine nicht unbedeutende ökonomische Belastung für die Gesellschaft dar. Auf der anderen Seite müssen auch die Folgen körperlicher Inaktivität berücksichtigt werden (vgl. Eriksson et al., 1989). „Die gesundheitlichen Schäden durch Bewegungsmangel sind wesentlich größer als die gesundheitlichen negativen Folgen des Sports" (Eriksson et al., 1989). Die Kosten die durch Sportverletzungen für das deutsche Gesundheitssystem jährlich entstehen betragen ca. 1% (1,5 Milliarden Euro) der Gesamtkosten im Gesundheitswesen, allerdings werden die Folgekosten durch Bewegungsmangel und Ernährung auf etwa 25 Milliarden geschätzt (KKH, 2008).

Die häufigsten Schäden und Verletzungen im Sport betreffen Schultergelenk, Leiste, Kniegelenk, Sprunggelenk (Fuß), Muskulatur, Sehnen und Knochen. 5-8% aller akuten Verletzungen des menschlichen Körpers betreffen das Schultergelenk, 3% sind Überlastungsschäden. Das Schultergelenk ist besonders gefährdet bei Sportarten, in denen eine erhöhte Sturzgefahr besteht, bei der die Arme das Gewicht auffangen müssen. Beispiele hierfür sind Fun-Sportarten wie Skateboarden, Snowboarden und Inlineskaten. Eine weitere Risikogruppe, vor allem langfristig einen Schaden zu erleiden, sind Sportarten, bei denen eine Überkopfbewegung stattfindet. Überkopfsportarten, Schwimmen und Schlägersportarten überfordern das Schultergelenk und es kann ein Überlastungsschaden entstehen oder das Gelenk wird soweit geschädigt, dass es für Verletzungen anfälliger wird (vgl. Snyder et al., 1990). Da im Fitnessstudio viele Übungen im Bereich des Oberkörpers aus genau diesen Überkopfbewegungen bestehen, ist auch hier von einem erhöhten Verletzungsrisiko auszugehen.

Die Leiste ist ein weiterer großer Schwachpunkt des menschlichen Körpers und nicht dafür konzipiert, großen sportlichen Belastungen standzuhalten. Die Leiste stellt eine Körperregion dar und setzt sich zusammen aus knöchernen Strukturen, Kapselstrukturen und Sehnenansätzen rund ums Hüftgelenk. Viele Fußballer (ca. 60%) klagen während ihrer Karriere über Leistenprobleme. Volleyballer und Handballer sind ebenso betroffen wie Fußballer, da die Bewegungsmuster ihrer Sportart häufig ein Abspreizen des Beines und damit eine hohe Belastung für die Oberschenkeladduktoren mit sich bringen. Das Schambein, der Ursprungsansatz der

Oberschenkeladduktoren, erfährt dadurch eine permanente Reizung, die chronisch werden kann. Tennis, Squash und viele Ausdauersportarten sind ebenfalls Risikosportarten in Bezug auf Leistenprobleme. Ein falscher Laufstil und Fehlbelastung sind Auslöser der auftretenden Schmerzen. Neben den klassischen Sportarten ist aber auch der Kraftsport betroffen. Die Hüfte wird oft fehlbelastet, oder es kann zu einer Axialstauchung kommen. Pressatmung und hohe Belastungen können im schlimmsten Fall zu einem Leistenbruch führen (vgl. Löffler, 2005).

Das größte und am meisten beanspruchte Gelenk des menschlichen Körpers ist das Kniegelenk, dementsprechend ist es auch häufig von Verletzungen betroffen. Es setzt sich aus knöchernen Strukturen, Knorpeln, Menisken und Kapsel-Bandstrukturen zusammen. Von den 2 Millionen registrierten Sportverletzungen im Jahr betreffen ca. 30% das Kniegelenk, was nicht gleichbedeutend mit einer grundsätzlichen Instabilität des Knies ist. Die Lieblingssportarten des Deutschen sind zu einem großen Teil kniebelastend, allen voran der Fußball. Ein Knieschaden kann im schlimmsten Fall zur Invalidität führen, weil die Therapie nicht immer zu einer vollkommenen Wiederherstellung der Belastbarkeit führt. Welcher Teil des Kniegelenks zu Schaden kommt, ist abhängig vom Impuls, der auf das Gelenk wirkt (vgl. Krüger-Franke, 2009).

Der Fuß stellt das Ende der unteren Extremität dar und ist aus diesem Grund auch hohen Belastungen ausgesetzt. Das ganze Körpergewicht wird von den Füßen getragen. Der Fuß besteht aus 26 Knochen und 30 Gelenken, die bei Bewegungen wie dem Laufen das 3-4fache des Körpergewichts tragen müssen. Man unterscheidet das obere Sprunggelenk, das untere Sprunggelenk, den Vorfuß, Mittelfuß und Rückfuß. Die häufigsten Verletzungen sind Verletzungen des

Bandapparats und Frakturen. Sprunggelenksverletzungen sind die typischen Verletzungen bei allen Sportarten, bei denen die Gefahr eines Supinationstraumas (Umknicken) groß ist (Fußball, Basketball und Volleyball). Der Außenbandriss am oberen Sprunggelenk ist die häufigste aller großen Sportverletzung, dabei ist in den meisten Fällen das Ligamentum talofibulare anterius beteiligt (vgl. Maassen, 2011).

Verletzungen der Muskulatur sind im Sport die häufigsten Gründe einer Sportpause und machen bis zu 55% aller Sportverletzungen aus. Man unterscheidet zwischen Krämpfen, Prellungen, Zerrungen, Muskelfaserrissen, Muskelbündelrissen bis hin zum Muskelabriss. Auch ein Muskelkater ist eine Verletzung des Muskels auf der Mikroebene. Man unterscheidet in Verletzungen des Muskelbauchs, der Muskel-Sehnen-Verbindung, der Sehne und des Sehnenansatzes am Knochen. Die Sportpause hängt dabei von der Art der Muskelverletzung ab und kann von ein paar Tagen bis zu mehreren Monaten andauern. Muskelverletzungen werden häufig unterschätzt, was zu einer eingeschränkten Heilung führt und somit die Gefahr einer erneuten Verletzung steigert. Verletzungen der Muskulatur kann man in erster Linie vorbeugen, in dem man die Muskulatur auf die bevorstehenden Aufgaben vorbereitet. Besonders bei kälteren Umgebungstemperaturen ist eine Erwärmung sehr hilfreich. Je nach Schweregrad der Verletzung sind Hämatome, Einblutungen ins Gewebe, eine Nebenerscheinung der Verletzung selbst (vgl. Smigielski, 2005).

Knochenbrüche müssen nicht zwingend traumatisch sein, sie können ebenfalls aufgrund einer Überlastung auftreten. Stressreaktionen oder Stressfrakturen des Knochens sind keine Seltenheit bei andauernden Belastungen. Besonders die Mittelfußknochen sind hiervon betroffen, da bei z.B. Läufen oder auch Wanderungen über lange Zeit hohe Kräfte auf sie wirken. Neben der Knochendichte sind Technik und eine individuelle

Trainingstoleranz ebenfalls von Bedeutung. Da die Knochendichte mit dem Alter tendenziell abnimmt, sollte der Trainingsumfang dementsprechend angeglichen werden, um das Risiko einer Stressreaktion zu minimieren (vgl. Graff, 2009).

4. Anatomie (Der Bewegungsapparat)

Um zu verstehen, wie Verletzungen und Überlastungsschäden entstehen, muss man sich einen Überblick über die möglicherweise betroffenen Körperstrukturen verschaffen.

4.1 Gelenke und Bänder

Ein Gelenk ist eine Verbindung zwischen mindestens zwei knöchernen Strukturen oder knorpeligen Skelettelementen, die es erlauben, eine Bewegung auszuführen. Echte Gelenke haben zwischen den knöchernen Strukturen einen Gelenkspalt, der die beiden mit Knorpel überzogenen Gelenkflächen voneinander trennt. Ein Bandapparat stabilisiert das Gelenk von außen und sorgt für eine feste Vergurtung. Das Gewebe der Bänder hat eine unelastische Struktur. Umgeben ist das Gelenk von einer Gelenkkapsel, die Stabilität und Schutz bietet. Sie sondert eine Flüssigkeit (Synovia oder Gelenkschmiere) ab, die als Stoßdämpfer und Schmiermittel für das Gelenk fungiert und es nährt (vgl. Martin et al., 2001). Der Reiz, der die Produktion der Gelenkschmiere auslöst, ist Bewegung in dem Gelenk selbst. Eine Bewegungseinschränkung des Gelenks, begründet durch z.B. eine Verletzung, führt damit automatisch zu einer geringeren Synoviabildung. Grosser et al. sprechen hierbei von einer Austrocknung des Gelenks (vgl. Grosser et al., 1981). In manchen Fällen passen die Knochenenden des Gelenks nicht genau ineinander und müssen durch starke Knorpelstrukturen stabilisiert werden. Im Kniegelenk beispielsweise „sind Menisci dazwischen geschoben und fungieren als Druckverteiler, Polster und erleichtern ein Ineinanderpassen der Gelenkendigungen" (Martin et al., 2001). Die Innenschicht der Gelenkkapsel, die Membrana synovialis, besteht aus gefäßreichen Falten und Zotten. Sie enthalten eine Vielzahl von Nervenfasern und Rezeptoren und neigen häufig zu Verkalkungen. Kommt es zu Abrissen verkalkter Zotten, können diese eingeklemmt werden, die Folge ist eine Bewegungseinschränkung des Gelenks mit teilweise großen Schmerzen (vgl. Martin et al., 2001). Eine zusätzliche Stabilität verleihen Bänder, die das Gelenk verstärken, führen und vor unphysiologischen Amplituden schützen (vgl. Waldeyer, 1942). Die maximale Beweglichkeit eines Gelenks wird durch die Physiologie und die Freiheitsgrade, die Anzahl und Art der möglichen Bewegungsrichtungen, beschränkt.

Der menschliche Körper besitzt eine Vielzahl von Gelenken, die teilweise im Aufbau sehr voneinander abweichen. Man unterscheidet zwischen den Formvarianten Kugelgelenk, Nussgelenk, Scharniergelenk, Drehscharniergelenk, Eiergelenk, Sattelgelenk und Zapfengelenk. Kugelgelenke ermöglichen die Bewegungen um drei Achsen in alle drei Dimensionen und spielen bei der menschlichen Bewegung eine zentrale Rolle. Kugelgelenke bestehen aus einer Gelenkpfanne und einem kugelförmigen Gelenkkopf. Das Nussgelenk ist eine leicht modifizierte Form des Kugelgelenks, bei der die tiefe Gelenkpfanne den Gelenkkopf größtenteils umschließt und dadurch die Freiheitsgrade leicht behindert. Das Schultergelenk (Kugelgelenk) und das Hüftgelenk (Nussgelenk) sind bei nahezu allen physischen

Handlungen beteiligt. Ein Scharniergelenk (Ellenbogengelenk) hat nur eine Bewegungsachse und besteht aus einer rinnenförmigen Gelenkpfanne und einem walzenförmigen Gelenkkopf. Das Drehscharniergelenk (Kniegelenk) lässt eine weitere Bewegungsachse zu. Das Kniegelenk ist im gebeugten Zustand in der Lage, das Schienbein zu rotieren. Weitere Gelenke sind das Eiergelenk (Handwurzelknochen), das Sattelgelenk (z.B. zwischen Daumen und Handwurzel) und das Zapfengelenk (zwischen Atlas und Axis), welche für unsere Studie vermutlich eine untergeordnete Rolle spielen (vgl. Martin et al., 2001).

Typische Verletzungen und Schäden der Gelenke sind Prellungen, Verstauchungen, Verrenkungen, Bänderrisse und Brüche. Verursacht werden selbige Verletzungen durch unphysiologische Bewegungen, Überlastungen und Fehlbelastungen. Prellungen entstehen durch zu starkes Aufeinanderpressen der Gelenkknorpel, meist hervorgerufen durch ein heftiges Aufprallen. Bei der Verstauchung oder Distorsion kommt es zu einer Überbewegung im Gelenk, was zu einer Verletzung der Bänder und der Gelenkkapsel führen kann (vgl. Martin et al., 2001). Eine Verrenkung oder Luxation ist ein mit einem Gelenkkapselriss verbundener Austritt des Gelenkkopfes aus der Gelenkpfanne. Ziehende oder scherende äußere Gewalteinflüsse sind hierfür in der Regel verantwortlich (vgl. Kuhn, 1979). Bänderrisse und Brüche sind schwerwiegende Gelenkverletzungen und erfordern meist langwierige Heilungsprozesse. Ursache für Verletzungen des Bandapparats sind unphysiologische Druck- und Zugkräfte, die auf das Gelenk wirken (vgl. Martin et al., 2001). Ein überdehntes Band erlangt nach ein paar Wochen Ruhe meist seine ursprüngliche Funktionsfähigkeit zurück. Bei sich wiederholenden Überdehnungen oder nicht eingehaltenen Ruhephasen kann ein Band erschlaffen und verliert dadurch seine stützende Funktion. Das Gelenk wird dadurch instabiler und ist ebenfalls anfälliger für Verletzungen. Erschlaffte Bänder müssen gegebenenfalls gekürzt werden, um ihre ursprüngliche Funktion wieder übernehmen zu können. Bei Teilrupturen kommt es in der Regel zur vollständigen Ausheilung ohne Erschlaffung des Bandes. Gerissene Bänder müssen genäht werden, häufig wird jedoch davon abgesehen, wenn die Muskulatur um das Gelenk genügend Halt gibt (vgl. Wirhed, 2001). Unechte Gelenke sind Gelenke, die keinen Gelenkspalt besitzen und eine sehr eingeschränkte Beweglichkeit aufweisen. Sie bestehen aus knorpeligen oder bindegewebsartigen Knochenverbindungen.

Um ein Gelenk nicht unnötigem Stress auszusetzen, ist es ratsam, es erst zu „Schmieren", bevor es hohen Belastungen ausgesetzt wird. Ein Vorbereitung des Gelenks scheint aus diesem Grund vor Belastungsspitzen eine Präventivmaßnahme zu sein, um Schädigungen vorzubeugen. Kugel- und Nussgelenke bieten die meisten Freiheitsgrade, was wiederum auch auf die größte Instabilität hinweisen könnte. Aus diesem Grund könnte man annehmen, dass das Schulter- und das Hüftgelenk größeren Verletzungsrisiken unterliegen als andere Gelenke. Auch die häufige Beanspruchung könnte ein Faktor für eine erhöhte Verletzungsgefahr dieser beiden Gelenke sein. Schwungbewegungen sind ebenfalls Risikofaktoren für Verletzungen der Gelenkstrukturen, weil hierbei die Gefahr besteht, über die physiologische Grenze hinaus zu arbeiten.

4.2 Muskulatur

Die menschliche Muskulatur besteht aus ca. 400 Muskeln, die in die glatte Muskulatur, die Herzmuskulatur und die Skelettmuskulatur unterteilt wird. Im Zusammenhang mit dieser Studie konzentrieren wir uns auf die Skelettmuskulatur, die für die Bewegungen des Organismus zuständig sind. Ein Skelettmuskel besteht aus Muskelfasern, die in Bündeln zusammengefasst werden und wiederum von einer Bindegewebsschicht umhüllt werden. Ein Muskel besteht aus einem oder mehreren Muskelbäuchen, die an den Enden in Sehnen übergehen, die die Verbindung zwischen Muskel und Knochen herstellen. Man unterscheidet hierbei zwischen Ursprungs- und Ansatzsehne, wobei der Ursprung meist der unbeweglichere proximale Teil (Punctum fixum) und der Ansatz der beweglichere distale Teil (Punctum mobile) des Muskels darstellt (vgl. David & Keidel, 1986). Die bindegewebsartige Membran (Muskelfaszie oder Perimysium externum), die den Muskel umschließt, hat die Aufgabe, eine Gleitschicht gegenüber den benachbarten Muskeln zu bilden und verleiht dem Muskel seine Form. Die Muskelbündel sind ebenfalls von einer dünnen Bindegewebsschicht, bestehend aus kollagenen und elastischen Fasern, umgeben. Innerhalb dieser Schicht liegen die Muskelfasern, die wiederum von einer sehr dünnen Haut, dem Endomysium umhüllt sind. Sie bestehen aus parallel zueinander liegenden Myofibrillen, was zu der charakteristischen Querstreifung führt. Die Fibrillen bestehen aus den sogenannten Myofilamenten, welche sich aus Eiweißmolekülen zusammensetzen. Man unterscheidet zwischen den Myofilamenten Actin und Myosin, welche bei der Kontraktion des Muskels eine wichtige Rolle spielen. Bei einer Kontraktion schieben sich die Actinfilamente in die Myosinfilamente, es kommt zu einer Verkürzung und Verdickung der Myofibrillen und dadurch zu einer Bewegung des Gelenks (vgl. Wirhed, 2001). Muskeln haben Schutzmechanismen in Form von Nervenzellen, den sogenannten Muskel- bzw. Sehnenspindeln. Muskelspindeln liegen zwischen den Muskelzellen und bewegen sich passiv mit der

Muskulatur mit. Erfährt der Muskel eine zu starke plötzliche Dehnung, so dass eine Verletzung entstehen könnte, sendet die Muskelspindel ein Kontraktionssignal aus und verhindert somit ein Überdehnen. Bei langsamen Bewegungen, die einen Muskel in eine starke Dehnposition bringen, wird dieser Reflex nicht ausgelöst. Die Sehnenspindeln oder auch Golgi-Organe befinden sich zwischen dem Muskel- und Sehnengewebe und haben die Aufgabe, eine Kontraktion des Muskels abzubrechen. Je nachdem, ob die aktivierten Reize der Muskelspindeln oder der Sehnenspindeln in Überzahl sind, folgt die jeweilige Reaktion. Werden Bewegungen oder Übungen gewaltsam ausgeführt, besteht eine erhöhte Gefahr einer Muskelverletzung. Dies können Muskelkater, Überdehnung, partielle Rupturen oder ein Abriss des Muskels sein (vgl. Wirhed, 2001).

4.3 Knochen

Das menschliche Skelett besteht aus mehr als 200 Knochen. Man unterscheidet kurze Knochen (Handwurzelknochen, Fußwurzelknochen), lange Knochen (Mittelhandknochen, Unterarmknochen, Oberschenkelknochen) und platte Knochen (Schädelknochen, Brustbein). Knochen entstehen im Wachstum durch Verknöcherung von Bindegewebe (platte Knochen) oder aus Knorpelgewebe (kurze und lange Knochen). Bei der Knochenbildung aus Knorpelgewebe spricht man von der indirekten Verknöcherung, da zuerst knorpelige Skelettelemente entstehen. Die langen Knochen bestehen aus zwei außengelegenen Epiphysen und einer Diaphyse im Zentrum. Die Epiphysenfugen verknöchern beim Menschen erst mit ungefähr 20 Jahren vollständig. Aus diesem Grund ist übermäßige oder fehlerhafte

Beanspruchung des Skeletts im jungen Alter zu vermeiden, da diese zu Schädigungen der Knochenstrukturen führen kann. Wirhed geht auf die Risiken für das Skelett ein, die ein extremes Krafttraining während der Pubertät birgt und verweist auf Belastungen ohne zusätzliche Gewichte (vgl. Wirhed, 2001). Ein komplett ausgebildeter Knochen weist Strukturen von „Bindegewebsfasern (kollagene Fasern, die eine hohe Widerstandsfähigkeit gegenüber Zugkraft aufweisen), anorganischen Salzen (die dem Knochen seine Härte geben) und organischen Verbindungen (die ihm seine Elastizität geben)" auf (Wirhed, 2001). Das Verhältnis zwischen anorganischen und organischen Bestandteilen nimmt im Laufe des Alters zu Ungunsten der organischen Strukturen ab, was zu einem erhöhten Bruchrisiko führt.

Die Muskelsehnen und Bänder sind mit dem Knochen verwachsen, die Verbindungen können jedoch bei zu hohen Beanspruchungen beschädigt werden. Häufig bleibt die Sehne unverletzt und es kommt zu einem Abbruch eines Teilfragments des Knochens am Ansatzpunkt der Verbindung. Eine harmlosere Reizung der Knochenhaut bis hin zu einer Knochenhautentzündung ist ebenfalls oftmals Folge einer ungeeigneten Belastung. Die Osteoblasten sind Zellen in den Knochen, die für die Reparatur des zerstörten Gewebes zuständig sind, die Dauer des Heilungsprozesses hängt jedoch unmittelbar mit der lokalen Blutversorgung des Knochens zusammen (vgl. Wirhed, 2001).

„Wissenschaftliche Untersuchungen haben gezeigt, daß [sic] sich die Kapillaren bei regelmäßiger Belastung (Training) sowohl in den Muskeln als auch in den Knochen vermehren. Damit erklärt man sich, daß [sic] Verletzungen bei Personen, die regelmäßig Sport treiben, meist schneller verheilen als bei untrainierten Personen" (Wirhed, 2001).

Dies lässt darauf schließen, dass Verletzungen der Knochen bzw. der Knochenhaut bei Sportlern zwar nicht gezwungenermaßen umgangen werden, der Heilungsprozess jedoch schneller fortschreitet als bei Nichtsportlern. Dies lässt vermuten, dass Knochenbrüche eher ein seltenes Verletzungsbild im Fitnessstudio darstellen, da die Bewegungen kontrolliert ausgeführt werden und es eher unwahrscheinlich ist, durch einen äußeren Impuls ein Trauma zu erleiden. Bei älteren Trainierenden besteht aufgrund der abnehmenden Widerstandsfähigkeit trotz alledem ein erhöhtes Risiko einer Knochenverletzung. Die Gefahr einer Reizung der Knochenhaut scheint generell wahrscheinlicher, da beim Training mit hohen Gewichten der Zug auf die Sehnen-Knochen-Verbindungen zu hohen Belastungen dieser Strukturen führen kann. Gegenüber Verletzungen der Gelenk- und Muskelstrukturen ist das Risiko einer Knochenverletzung jedoch deutlich geringer.

5. Trainingslehre

Um das Training und die daraus resultierenden Folgen im Fitnessstudio zu verstehen, ist ein Blick in die Trainingslehre notwendig. Die Trainingslehre befasst sich mit den „Bereichen oder Disziplinen, die sich systematisch mit der Problematik des sportlichen Trainings auseinander setzen" (Martin et al., 2001). Sportliches Training lässt sich beschreiben als „ein komplexer Handlungsprozeß [sic], der auf die planmäßige Entwicklung bestimmter sportlicher Leistungszustände und deren Präsentation in sportlichen Bewährungssituationen, speziell im sportlichen Wettkampf, ausgerichtet ist" (Martin et al., 2001).

Trainingslehre kann somit als Handlungslehre des Trainings beschrieben werden (Martin et al., 2001).

Für die Studie besonders relevant sind die konditionellen Fähigkeiten, bestehend aus Kraft, Ausdauer, Beweglichkeit und Schnelligkeit. Der Begriff Kondition wird häufig fehlinterpretiert und lediglich auf die Ausdauerfähigkeiten ausgelegt, er beschreibt jedoch die Summe aller physischen Fähigkeiten und ihre Realisierung (vgl. Grosser et al., 2001). Die Kondition hat einen elementaren Einfluss auf die physische Belastbarkeit des Sportlers und ist eine wichtige Voraussetzung für seine Leistungsfähigkeit. Sie wirkt sich auf die Skelettmuskulatur, das Herzkreislaufsystem und auf Atmung und Stoffwechselprozesse aus (vgl. Schnabel & Thieß, 1986).

5.1 Konditionelle Fähigkeiten

Die konditionellen Fähigkeiten stehen zusammen mit den koordinativen Fähigkeiten im Mittelpunkt des Fitnesssports und stellen zusammen die motorischen Grundeigenschaften dar. Sie sichern „nachweislich eine stabilere Gesundheit, Prävention, Streßresistenz [sic] und andere Lebensqualitäten" (Martin et al., 2001). Die genannten Einteilungen in koordinative Fähigkeiten und konditionelle Fähigkeiten (Kraft, Ausdauer, Schnelligkeit und Beweglichkeit) trägt zur Verständlichkeit von körperlicher Aktivität bei. Es ist jedoch schwer, die Charakteristika von Bewegungsabläufen hinsichtlich dieser Fähigkeiten klar einzuteilen. Prinzipiell kann man zwischen den allgemeinen konditionellen Fähigkeiten, die das allgemeine Niveau der energetischen Prozesse darstellen, und den spezifischen konditionellen Fähigkeiten, welche eine sportartspezifische Ausprägung beschreiben, unterscheiden. In den meisten Fällen bauen beide Formen aufeinander auf und ergänzen sich. Konditionelle Fähigkeiten lassen sich über einen langen Zeitraum stetig verbessern oder zumindest erhalten. Die zwangsläufige Überlegung im Rahmen dieser Studie ist hierbei, ob das Training der unterschiedlichen Fähigkeiten ein einheitliches Verletzungsrisiko birgt, oder ob beispielsweise Krafttraining ein besonders hohes Verletzungsrisiko mit sich bringt. Nachfolgend soll zunächst etwas genauer auf die konditionellen Fähigkeiten eingegangen werden.

5.1.1 Kraftfähigkeiten

Kraft taucht in der Physik als Größe auf und beschreibt die mechanische Wechselwirkung zwischen Körpern. Um Kraft im Kontext der Trainingslehre jedoch vollständig erfassen zu können, reicht eine physikalische Definition nicht aus. Kraftleistungen der menschlichen Muskulatur müssen differenzierter charakterisiert werden (vgl. Martin et al., 2001). Aus physiologischer Sicht „ist Kraft die Fähigkeit des Muskels, sich zu kontrahieren und dabei Zugspannung und Längenänderung zu entwickeln" (Dickhuth, 2007). Um aus einer Kraftentwicklung eine Bewegung zu erschaffen, müssen viele Muskeln in ganz bestimmten Dosierungen synergetisch zusammenwirken. Die Muskulatur hat dabei die Aufgabe, die Kraft zu bilden und auf die Gelenke zu übertragen. Um den Begriff Kraftfähigkeit zu definieren, muss man bedenken, dass menschliche Bewegungen grundsätzlich durch Kräfte ausgelöst werden, auch bei Ausdauerleistungen (vgl. Martin et al., 2001). Um Kraft, Schnelligkeit und Ausdauer unterscheiden zu können, schlug Bührle vor, nur von Kraftverhalten zu sprechen, wenn mindestens 30% der individuell realisierbaren Kraftwerte entwickelt werden (vgl. Bührle, 1985).

Kraftfähigkeiten lassen sich einteilen in unterschiedliche Kontraktionsformen. Nach Boeckh-Behrens und Buskies ist Kraft „die Fähigkeit des neuromuskulären Systems, Widerstände zu überwinden (dynamisch konzentrisch), ihnen entgegenzuwirken (dynamisch exzentrisch) oder sie zu halten (statisch bzw. isometrisch)" (Boeckh-Behrens & Buskies, 2000). Man unterscheidet demnach die Kontraktionsformen mit einem dynamischen und einem statischen Charakter, wobei die dynamische Form weiterhin in die konzentrische und exzentrische Arbeitsform unterteilt werden kann. Die dynamische konzentrische Kontraktionsform wird auch als positive Kontraktionsform bezeichnet, Ansatz und Ursprung des Muskels nähern sich dabei an. Bei der exzentrischen Kontraktionsform entfernen sich Ansatz und Ursprung des jeweiligen Muskels, er wird also trotz Kontraktion gedehnt (Boeckh-Behrens & Buskies, 2000). Bei den meisten Trainingsformen findet eine konzentrisch-exzentrische Arbeit statt, bei der abwechselnd beide Kontraktionsformen angewandt werden.

Die Trainingslehre unterteilt die verschiedenen Erscheinungsformen der Kraft in Maximalkraft, Schnellkraft und Kraftausdauer. Häufig wird Reaktivkraft als vierte Form genannt.

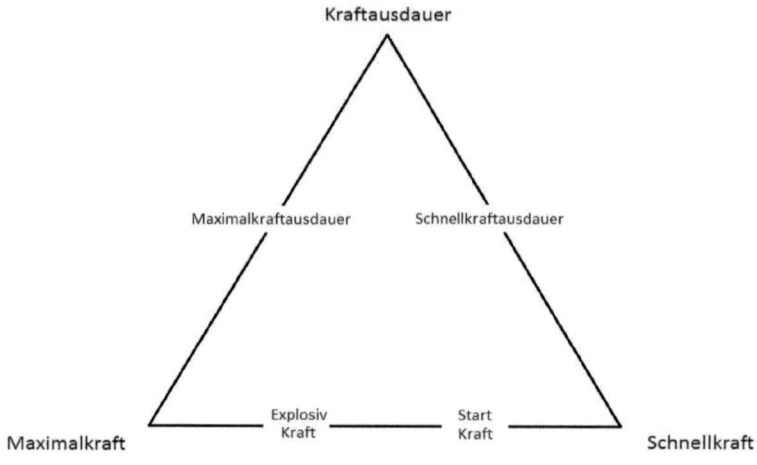

Abbildung 4: Erscheinungsformen der Kraft (Dickhuth et al., 2007)

Martin, Carl und Lehnertz definieren die Maximalkraft als „die höchstmögliche Kraft, die das Nerv-Muskelsystem bei maximaler willkürlicher Kontraktion auszuüben vermag" (Martin et al., 2001). Untersuchungen ergaben jedoch, dass durch die willkürliche Ansteuerung nur ein Teil der maximal entwickelbaren Kraft mobilisiert wird. Die Kraft, die ein Muskel theoretisch entwickeln könnte, bezeichnet man als Absolutkraft. Der Muskelquerschnitt und die intramuskuläre Koordination limitieren dabei die Absolutkraft und repräsentieren damit das vorhandene Kraftpotenzial, welches nur bei einer außerordentlichen Stimulation abgerufen werden kann. Der nicht willkürlich aktivierbare Bereich zwischen Maximal- und Absolutkraft wird als autonome Reserve bzw. Kraftdefizit bezeichnet und fällt bei jedem Menschen unterschiedlich groß aus. Grundsätzlich lässt sich sagen, dass trainierte Menschen näher an ihr absolutes Limit kommen als Untrainierte. Die Maximalkraft liegt in etwa zwischen 70-95% der Absolutkraft (vgl. Martin et al., 2001). Die autonomen Reserven können unter bestimmten

Bedingungen, z.B. in lebensbedrohlichen Situationen, genutzt werden (vgl. Slomka, 2011).

Möglicherweise ist die Diskrepanz zwischen beiden Kräften auch ein Schutzmechanismus, um die Muskulatur bzw. beteiligtes Gewebe vor Überlastungen und Verletzungen zu schützen. Das statische Maximalkrafttraining birgt Risiken für das Herzkreislaufsystem, weil hierbei der Blutdruck stark ansteigen kann. Belastungen sollten besonders bei Menschen jenseits der 50 Jahre nicht länger als sechs Sekunden aufrechterhalten werden. Bei Trainierenden mit Herzkreislauferkrankungen ist von einem statischen Maximalkrafttraining gänzlich abzusehen, darüber hinaus ist eine Pressatmung zu vermeiden (vgl. Clasing et al., 1990).

Dem gegenüber steht die Kraftausdauer, bei der ein deutlich geringerer Widerstand über einen längeren Zeitraum bewegt oder gehalten werden muss. Kraftausdauer kann man als „die Ermüdungswiderstandsfähigkeit des Organismus bei andauernden oder häufig wiederholten Kraftleistungen" beschreiben (Clasing et al., 1990). Sie hat einerseits das Ziel, einen Kraftabfall nach einer definierten Zeitspanne hinauszuzögern und auf der anderen Seite eine Bewegung oder eine Position über einen möglichst langen Zeitraum aufrecht zu erhalten. Die Kraftausdauer stellt damit das Bindeglied zwischen Kraft und der lokalen Muskelausdauer dar (vgl. Dickhuth et al., 2007). Um Kraft- und Ausdauertraining voneinander klar abzugrenzen, spricht man erst bei einer Kraftintensität von mindestens 30% der Maximalkraft von Krafttraining (vgl. Boeckh-Behrens & Buskies, 2000). Untersuchungen von Eisele et al. haben jedoch gezeigt, dass auch durch ein Training mit einer Intensität unter 30% „nach acht Wochen signifikante Zunahmen bei der Maximalkraft und vor allem bei der Kraftausdauer zu erzielen sind" (Eisele et al., 1995). Dies ist ein Indiz dafür, dass sich

Belastungsformen niemals wirklich isoliert trainieren lassen und immer eine Gesamtanpassung des Organismus stattfindet. Die dritte zentrale Kraftfähigkeit ist die Schnellkraft, deren Ziel es ist „einen möglichst großen Kraftstoß innerhalb der verfügbaren (kurzen) Zeit zu entfalten" (Boeckh-Behrens & Buskies, 2000). Die Explosivkraft beschreibt den Beginn der Belastung und hat die Aufgabe, einen möglichsten steilen Kraftanstieg zu erzeugen. Zusätzlich wird der Begriff der Startkraft verwendet, der die Kraftentwicklung der ersten 30msec ausmacht. Die Fähigkeit, bei einem Dehnungs-Verkürzungs-Zyklus einen hohen Kraftstoß zu realisieren, wird Reaktivkraft genannt (vgl. Boeckh-Behrens & Buskies, 2000). Schnellkraft hat in vielen Sportarten, bei denen eine rasche Kraftentwicklung ein elementarer Teil der Bewegung ist, eine entscheidende Rolle. Sowohl Maximalkraft als auch inter- und intramuskuläre Koordination sind leistungsbestimmende Faktoren für die Schnellkraft. All diese Varianten der Schnellkraftentwicklung bringen hohe Belastungen auf Muskulatur und umliegendes Gewebe. Dabei ist die richtige Technik von großer Bedeutung, da schnelle Bewegungen schwerer zu kontrollieren sind, woraus eine erhöhte Verletzungsgefahr resultieren könnte. Die logische Schlussfolgerung wäre, dass gerade Verletzungen der Muskulatur (z.B. Muskelfaserrisse) die Konsequenz von Schnellkraftbelastungen sind. Vermutlich wird im Fitnessstudio Schnellkraft vor allem trainiert, um Voraussetzungen für andere Sportarten zu schaffen. Beim Training der Schnellkraft im Studio werden Intensitäten von 30-60% der Maximalkraft gewählt. Ist das Gewicht zu hoch, kann es zu keiner schnellen explosiven Bewegung kommen. Wird das Gewicht zu niedrig gewählt (<30% der Maximalkraft), kommt es vielmehr zu einem Schnelligkeitstraining anstatt eines Schnellkrafttrainings. Das Höchstleistungsalter der Kraftfähigkeiten liegt bei 22-30 Jahren, ein

Rückgang der Kraft ist zwischen 30-40 Jahren erkennbar (vgl. Clasing et al., 1990).

Es lässt sich festhalten, dass es bei wirkenden Kräften immer zu Belastungen von Körperstrukturen kommt. Beim Maximalkrafttraining wirken enorm hohe Kräfte auf den menschlichen Organismus, was vermuten lässt, dass die Verletzungsgefahr beim Training dieser Kraftfähigkeit höher ist als bei der Kraftausdauer, bei der die Intensitäten deutlich geringer sind. Bei den explosiven Bewegungen der Schnellkraft könnte ebenfalls ein erhöhtes Verletzungsrisiko vorliegen.

5.1.2 Ausdauerfähigkeiten

Ausdauer lässt sich nach verschiedenen Blickwinkeln aufteilen. Man kann zwischen lokaler und allgemeiner Ausdauer unterscheiden, wobei der Umfang der beanspruchten Muskulatur im Mittelpunkt steht. Unterschieden wird auch nach der vorrangigen Energiebereitstellung zwischen aerober und anaerober Ausdauer und zwischen dynamischer und statischer Ausdauer. Bei vielen Sportarten unterscheidet man zusätzlich zwischen Kurzzeit-, Mittelzeit- und Langzeitausdauer. Aus trainingswissenschaftlicher Sicht wird häufig auf Begrifflichkeiten wie Grundlagenausdauer und spezielle Ausdauer zurückgegriffen. Grundlagenausdauer stellt dabei eine Voraussetzung für viele Sportarten dar und wird häufig als gesundes Training bezeichnet. Keine belastenden Spitzen und ein moderates Training stellen die Basis für Gesundheit und Fitness dar (vgl. Thienes, 2008). Da es sich häufig um sich wiederholende, zyklische Bewegungen handelt, die immer die gleichen Gelenke gleichermaßen beanspruchen, könnte man andererseits auch vermuten, dass ein so lang andauerndes einseitiges Training Überlastungsschäden zu Folge haben könnte. Die Ausdauerfähigkeit ist die konditionelle Fähigkeit, die man bis ins hohe Lebensalter auf einem relativ hohen Niveau halten kann. Das Höchstleistungsalter liegt bei 20-30 Jahren. Ein Rückgang der Ausdauerfähigkeit setzt im Alter von 25-30 ein, ist jedoch bei regelmäßigem Training sehr gering. Erst ab etwa dem 55. Lebensjahr wird ein deutlicher Abbau erkennbar (vgl. Clasing et al., 1990). Dieses lässt unter Umständen vermuten, dass im fortschreitenden Alter vermehrt Ausdauer trainiert wird, was sich wiederum in ausdauerspezifischen Verletzungen widerspiegeln könnte.

5.1.3 Beweglichkeit

Die Beweglichkeit oder Flexibilität setzt sich aus der Dehnfähigkeit und der Gelenkigkeit zusammen. Sie beschreibt das Bewegungsausmaß über ein oder mehrere Gelenke des Körpers. Die Dehnfähigkeit stellt die Elastizität der Muskeln und Sehnen dar (vgl. Clasing et al., 1990). Die Gelenkigkeit wird durch die passiven Strukturen der Gelenke, wie Bänder, Kapseln und Knochen limitiert. Der Bandapparat besteht aus relativ unelastischem Gewebe und sollte deshalb auch nicht im Beweglichkeitstraining angesteuert werden. Dies gilt auch für die Gelenkflächen, die in ihrer Struktur kaum veränderbar sind und durch Training auch nicht an Gelenkigkeit gewinnen (vgl. Martin et al., 2001). Das Beweglichkeitstraining bezieht sich optimalerweise lediglich auf die Verbesserung der Dehnfähigkeit der Muskulatur. Bei Flexibilitätstraining über die physiologische Gelenkigkeit hinaus können langfristig Schädigungen und Strukturveränderungen der betroffenen Gelenke die

Folge sein. Die Konsequenz sind „ausgeleierte" Bänder und Gelenkkapseln, die das Gelenk nicht mehr ausreichend fixieren. Besonders in Sportarten, in denen hohe Flexibilitätsfertigkeiten unabdingbar sind, kommt es häufig zu einer veränderten Gelenkstruktur und später zu Instabilitäten.

Die maximalen Beweglichkeitswerte liegen im Alter von 12-14 Jahren und sinken rapide bei nicht vorhandenem Training der Dehnfähigkeit. Die Abnahme der Wirbelsäulenelastizität findet in einem Alter von 20-25 Jahren statt (vgl. Clasing et al., 1990).

In der Trainingslehre wird zwischen den Beweglichkeitstypen allgemeine/spezielle, aktive/passive und statische/dynamische Beweglichkeit unterschieden. Die allgemeine Beweglichkeit bezeichnet ein durchschnittliches Niveau an Beweglichkeit in den wichtigsten Gelenken. Die spezielle Beweglichkeit zielt nur auf sportartenspezifische Gelenksysteme und die dazu gehörenden Bewegungsanforderungen ab (vgl. Martin et al., 2001). Als aktive Beweglichkeit wird die Bewegungsamplitude bezeichnet, die selbstständig ohne fremde Einwirkung durch eigene Muskelkraft erreicht werden kann. Die Kraft des Agonisten und die Dehnfähigkeit des Antagonisten limitieren die Bewegung (vgl. Maehl, 1986). Bei der passiven Beweglichkeit wirkt eine Kraft von außen, verursacht durch Geräte, das eigene Körpergewicht oder durch einen Partner auf das Gelenk. Die dabei erreichten Amplituden sind in der Regel größer als die der aktiven Beweglichkeit. Bei der statischen und dynamischen Beweglichkeit wird unterschieden, ob eine Position gehalten oder nur kurzfristig erreicht wird (vgl. Martin et al., 2001).

Abschließend lässt sich sagen, dass die individuelle Beweglichkeit begrenzt ist und dass ein Training über diese Grenzen hinaus Schädigungen der Gelenkstrukturen mit sich bringt. Werden die

Grenzen der Gelenkphysiologie überschritten, sind langwierige Überlastungsschäden des betroffenen Gelenks vorprogrammiert.

5.1.4 Schnelligkeit

Die physikalische Schnelligkeit ist die Fähigkeit, zyklische oder azyklische Bewegungen schnellstmöglich auszuführen. Die Grundschnelligkeit stellt dabei die maximal erreichbare Geschwindigkeit dar, die Schnelligkeitsausdauer die Zeitspanne, über die eine gewisse Geschwindigkeit gehalten werden kann (vgl. Clasing et al., 1990). Schnelligkeit lässt sich weiterhin in Reaktionsschnelligkeit und Bewegungsschnelligkeit unterscheiden. Die Reaktionsschnelligkeit stellt die Reizverarbeitung bis hin zum motorischen Effekt dar, die Bewegungsschnelligkeit ist die Geschwindigkeit, in der die Bewegung selbst abläuft. Schnelligkeit ist nur bedingt trainierbar und ist durch die schnellstmögliche Kontraktionsgeschwindigkeit der Muskelfasern limitiert. Schnelligkeit ist stark abhängig von der neuromuskulären Voraussetzung und kann am besten durch muskuläres Koordinationstraining verbessert werden. Zyklische Bewegungen (z.B. Laufen) werden durch intermuskuläre Koordination trainiert, wobei das Zusammenwirken verschiedener Muskeln optimiert wird. Azyklische Bewegungen (z.B. Werfen) werden vornehmlich durch ein intramuskuläres Koordinationstraining trainiert, was wiederum das Nerv-Muskel-Zusammenspiel eines Muskels während eines Bewegungsablaufs betrifft. Neben dem muskulären Koordinationstraining spielt auch das Kraftniveau eine entscheidende Rolle um die Bewegungsschnelligkeit zu verbessern, vor allem bei Bewegungen, die mit hohen Widerständen, wie das Beschleunigen des eigenen Körpergewichts, verbunden sind. Das Training der Reaktionsschnelligkeit ist durch Training nur wenig modifizierbar und so widmet sich das Schnelligkeitstraining hauptsächlich der Bewegungsschnelligkeit. Ein zyklisches Training besteht häufig aus Bewegungsabläufen in Höchstgeschwindigkeit, das als Frequenztraining bezeichnet wird. Hierbei wird schnellstmöglich eine Bewegung wiederholt, worunter die Technik leiden kann und die Verletzungsgefahr möglicherweise aufgrund eines unkontrollierten Bewegungsablaufes steigt (vgl. Dickhuth et al., 2007). Die maximale Schnelligkeit erreicht der Mensch zwischen 17-22. Ein Rückgang ist ab 22 erkennbar und zwischen 30-50 kommt es zu einer erheblichen Abnahme der Schnelligkeit (vgl. Clasing et al., 1990). Ein Schnelligkeitstraining ist deshalb vor allem bei jüngeren Fitnesssportlern zu erwarten, da es vermutlich häufig mit einer anderen Sportart korreliert.

Die Vermutung liegt nah, dass das Schnelligkeitstraining vor allem Verletzungen der Muskulatur mit sich bringt, da ein schnelles kontrahieren die Gefahr von Rissen der Muskelfasern erhöht. Ferner könnten durch schnell ausgeführte Bewegungen und die dadurch mangelnde Kontrolle über diese auch Langzeitschäden beteiligter Gelenke auftreten. Schnelligkeit ist immer mit hohen Krafteinwirkungen verbunden, was wiederum zu Überlastungen der beteiligten Strukturen führen könnte. Es ist davon auszugehen, dass nur ein geringer Teil der Sportler im Fitnessstudio ein intensives Schnelligkeitstraining in ihren Trainingsplan integriert haben und deshalb auch quantitativ nur wenige Verletzungen dem Schnelligkeitstraining zuzuschreiben sind. Bei den Wenigen, bei denen das Schnelligkeitstraining jedoch einen Großteil des Trainings ausmacht, ist ein kausaler Zusammenhang zwischen möglichen Verletzungen und dem Training nicht unwahrscheinlich.

Unklar dürfte jedoch weiterhin sein, ob die Verletzungen im Training im Studio oder in einer durch Schnelligkeit ausgezeichneten Sportart neben dem Fitnesstraining, sofern vorhanden, begründet liegt.

5.2 Trainingsmethodik

Im bisherigen Verlauf dieses Kapitels wurde auf grundlegende Aussagen über die konditionellen Fähigkeiten eingegangen. Im Folgenden sollen spezielle Trainingsmethodiken und Ziele betrachtet werden, die vor allem mit dem Krafttraining eng verknüpft sind. Im Fokus steht, ob und welche Stellschrauben des Trainings Verletzungen provozieren oder minimieren. Die Erscheinungsformen der Kraft könnten hierbei einen entscheidenden Anteil am Verletzungsrisiko tragen. Es stellt sich die Frage, ob bestimmte Trainingsziele, Anwendungsbereiche und die dazu gehörigen Trainingsmethodiken grundsätzlich oder ganz bestimmte Verletzungen provozieren. In diesem Abschnitt möchte ich auf die im Fitnessstudio gängigen Krafttrainingsvariationen etwas genauer eingehen.

Das Krafttraining verfolgt die zwei grundlegenden Zielsetzungen der Verbesserung der Innervationsfähigkeit und die Erweiterung der Energiepotentiale der Muskulatur. Das Innervationsvermögen kann vor allem durch die „Verbesserung der willkürlichen Aktivierungsfähigkeit der Muskulatur (intramuskulär bestimmte Maximalkraft) und der Erhöhung der Kraftbildungsgeschwindigkeit (Schnellkraftfähigkeiten)" (Zimmermann, 2000) erreicht werden. Energiepotentiale können in erster Linie durch eine Vergrößerung des Muskelquerschnitts (Hypertrophie) ausgebaut werden. Auch durch eine hohe Kraftausdauer kann eine Verbesserung des Energieflusses erreicht werden und damit ein positiver Einfluss auf die Energiepotentiale genommen werden. Die kennengelernten Kraftfähigkeiten finden bei den unterschiedlichen Zielsetzungen ihren Einsatz (vgl. Martin et al., 2001).

Um die Komplexität der Trainingsmethodik zu begreifen, muss man einen Blick auf die Belastungsstruktur werfen und ihre Komponenten darlegen. Für die Auswertung der Studie ist es ebenfalls erforderlich, die Trainierenden in zwei Gruppen zu unterteilen, die für einen Kraftsportler bzw. einen Fitnesssportler stehen. Dies ist möglich, indem man für beide Gruppen Belastungsnormative definiert. Im Folgenden wird auf die Belastungsnormativen Intensität, Dauer, Umfang und Dichte eingegangen, um die Stellschrauben des Krafttrainings deutlich zu machen.

5.2.1 Belastungsnormative

Unter der Belastungs- oder Trainingsintensität versteht man den Anstrengungsgrad einer Übung. Sie wird in der Regel über den Krafteinsatz im Verhältnis zu der individuellen Maximalkraft definiert. Da dieser im engen Zusammenhang mit möglichen Wiederholungszahlen steht, wird im Fitnessstudio meist mit einer Angabe von Wiederholungen gearbeitet. Hierbei gilt es durch Ausprobieren herauszufinden, mit welchem Gewicht man welche Wiederholungszahl gerade eben bewältigen kann. Ob ein Trainingssatz bis zur letzten möglichen Wiederholung oder schon vorher beendet wird, liegt im eigenen Ermessen. Boeckh-Behrens und Buskies beschreiben in ihrem Buch „Sanftes Krafttraining", dass die positiven Effekte gegenüber den Risiken bei einem vorzeitigen Abbruch eines Satzes in einem günstigeren Verhältnis stehen. Um diese Studie nicht weiter zu verkomplizieren, wird jedoch nicht weiter zwischen vorzeitigem Abbruch und Training bis zur letzten Wiederholung unterschieden (vgl. Boeckh-Behrens & Buskies, 2000).

Die Belastungsdauer beschreibt die Zeitspanne, in der ein Bewegungsreiz während einer Übung auf die Muskulatur wirkt.

Der Belastungsumfang stellt das Produkt der bewältigten Last während einer Übung dar. Man multipliziert die Anzahl der Sätze mit den Wiederholungszahlen und dem bewältigten Gewicht und bekommt den Gesamtumfang in Kilogramm.

Unter Belastungsdichte versteht man das Verhältnis zwischen Belastungsphasen und Erholungsphasen während einer Trainingseinheit. Die Dichte ist vor allem abhängig von den Pausenlängen im Training, die wiederum unmittelbar mit der Belastungsintensität und der Belastungsdauer verknüpft sind. Generell verlangen höhere Intensitäten intensivere Pausen, in der Trainingspraxis wird jedoch meist nach dem subjektiven Empfinden pausiert.

Neben den Belastungsnormativen während eines Trainings spielt die Trainingshäufigkeit eine weitere Rolle. Sie werden in der Regel die Trainingseinheiten pro Woche angegeben. Sportler mit einem hohen Trainingsniveau müssen für eine Leistungssteigerung häufiger ins Studio als untrainierte Personen (vgl. Boeckh-Behrens & Buskies, 2000).

5.2.2 Krafttrainingsmethoden im Fitnessstudio

Krafttraining ist nicht nur Bestandteil des Konditionstrainings für andere Sportarten und Disziplinen, sondern für sich zu einer eigenständigen

Sportart gereift. Für viele Fitnesssportler ist Krafttraining nicht Teil eines Trainings, sondern macht das Training aus. In diesem Abschnitt werden die gängigen Methoden des Krafttrainings im Fitnessstudio aufgezeigt. Die Methodik richtet sich dabei nach den Zielen, die der Trainierende anstrebt.

Um den Muskelquerschnitt zu vergrößern, empfiehlt sich eine Methode der submaximalen Belastung, die bis zur lokalen Erschöpfung der betroffenen Muskulatur ausgeführt wird (vgl. Bührle, 1985). Trainingsmethoden, die das Ziel verfolgen, den Muskelquerschnitt zu vergrößern, nennt man Hypertrophietraining, welches in der Fitnessbranche weit verbreitet ist. In der Regel wird dieser Methodenkomplex dynamisch ausgeführt und arbeitet mit Intensitäten zwischen 70-90% der Maximalkraft. Die Bewegungen werden zügig ausgeführt und der Umfang bewegt sich um die 10 Wiederholungen in 3-4 Sätzen. Die Pausenlänge zwischen den Sätzen sollte bei etwa 3 Minuten liegen, was einer sogenannten „lohnenden Pause" entspricht. Bei einer „lohnenden Pause" regeneriert sich die betroffene Muskulatur zu etwa zwei Dritteln. Die Lastgrößen können beim Hypertrophietraining konstant bleiben oder progressiv ansteigen, was zu einer Abnahme der möglichen Wiederholungen während eines Satzes führt. Es gibt spezialisierte Trainingsformen innerhalb dieses Methodenkomplexes, wie z.B. die Bodybuildingmethode oder auch isometrische Methoden, die für diese Studie jedoch nicht berücksichtigt werden (vgl. Bührle, 1985). Um das Hypertrophietraining für die Probanden klar zu definieren, wird es in dieser Studie durch ein Wiederholungszahlspektrum von 8-14 begrenzt.

Um die willkürliche Aktivierungsfähigkeit bzw. die Innervationsfähigkeit der Muskulatur zu verbessern, setzt man Maximalkrafttrainingsmethoden ein. Bei dieser Methode spielt die

Zunahme des Muskelquerschnitts eine untergeordnete Rolle gegenüber der Steigerung der Maximalkraft und der Verringerung des Kraftdefizits (vgl. Bührle, 1985). Schon 1972 stellte Zaciorskij fest, dass die inter- und intramuskuläre Koordination am effektivsten durch eine hohe Intensität, geringen Wiederholungszahlen und lohnenden bzw. vollständigen Pausen trainiert wird (vgl. Zaciorskij 1972). Bei dem Training mit kurzzeitigen maximalen Krafteinsätzen wird dynamisch explosiv trainiert mit Lastgrößen von 90-100% der Maximalkraft. Bei Methoden mit variierender Lastgröße werden häufig auch Intensitäten von 80% integriert wie z.b. bei der Pyramidenmethode, auf die später noch genauer eingegangen wird. Der Umfang liegt bei diesem Methodenblock bei ca. 1-7 Wiederholungen in 3-7 Sätzen und die Pausen bei mindestens 3 Minuten (vgl. Bührle, 1985).

Die Methoden des Schnellkrafttrainings konzentrieren sich vor allem auf die Verbesserung der Kraftbildungsgeschwindigkeit der Muskulatur. Demzufolge ist eine dynamische Trainingsmethode mit maximaler Ausführungsgeschwindigkeit verpflichtend. Die Beschleunigungscharakteristik kann in zwei Arten unterschieden werden, entweder durch eine explosive Anfangsgeschwindigkeit, bei der primär die Start- und Explosivkraft verbessert wird, oder durch eine maximale Endgeschwindigkeit, bei der das progressive Beschleunigungsverhalten im Fokus steht. Die Intensität liegt bei den Schnellkrafttrainingsmethoden bei ca. 35-50% der Maximalkraft und wird in der Regel bei einem Umfang von etwa 5 Sätzen à 7 Wiederholungen durchgeführt. Die Pausen zwischen den Sätzen sollten wiederum mindestens „lohnend" sein. In der Studie wird das Schnellkrafttraining nicht über Intensität oder Umfang definiert, sondern soll lediglich über die maximale Ausführungsgeschwindigkeit bestimmt werden (vgl. Martin et al., 2001).

Die Methoden des Kraftausdauertrainings beziehen sich auf die Verbesserung des Energieflusses im Muskel. Um die Stoffwechseldurchsatzrate zu erhöhen bzw. das lange Aufrechterhalten eines bestimmten Kraftstoßes zu gewährleisten, spielt die Belastungsdauer bei dieser Methode eine entscheidende Rolle. Beim Kraftausdauertraining werden meist Belastungsumfänge von 20-30 Wiederholungen gewählt bei Belastungsintensitäten von 30-70% der Maximalkraft. Die Bewegungen werden mit konstanten Kraftstößen bewusst langsam ausgeführt. Die Anzahl der Sätze variiert für gewöhnlich zwischen 3-6 und die Pausenlänge zwischen den Sätzen beträgt 1-2 Minuten (vgl. Martin et al., 2001). Es ist schwer, eine Beschränkung der Wiederholungszahlen zu finden, da theoretisch die Übungen so lange andauern, bis der Trainierende zu keiner Wiederholung mehr imstande ist. Bedingung ist, dass die Intensität nicht die 30%-Grenze der Maximalkraft unterschreitet, da in diesem Falle ein Ausdauertraining vorliegen würde. Ist der Trainierende in der Lage, 100 Wiederholungen mit eben beschriebenem Krafteinsatz zu bewältigen, spricht man auch hier von einem Kraftausdauertraining. Für diese Studie wird Kraftausdauer als Training mit Wiederholungszahlen von 15-100 Wiederholungen definiert.

Die Pyramidenmethode stellt eine Kombinationsmethode mehrerer Krafttrainingsmethoden dar. In der Regel besteht die Basis aus Hypertrophietraining und die Spitze aus Maximalkrafttraining. Der Gesamtumfang dieser Methode ist relativ groß, wobei die beiden Intensitätsbereiche nach Vorliebe und Zielsetzung aufgeteilt werden können. Bei dieser Methode nimmt die Belastungsintensität vorerst zu und dann wieder ab, was zu der charakteristischen Pyramidenform führt (vgl. Ehlenz et al., 1995).

Im Bodybuilding wird häufig die negative Beanspruchung eingesetzt, um oberhalb der Maximalkraft zu arbeiten. Dabei wird die konzentrische Phase einer Bewegung durch Hilfe bewerkstelligt und die exzentrische Phase ohne Hilfe durchgeführt. Hilfe kann ein Trainingspartner oder die eigene Muskulatur sein, die durch eine verfälschte Bewegung die konzentrische Phase überbrückt. Beim Bizepscurl beispielsweise kann der zweite Arm in der konzentrischen Phase helfen, das Gewicht zu bewegen, bevor er in der exzentrischen Phase loslässt. Bei einem Klimmzug kann durch Springen die konzentrische Phase überbrückt werden. Die Intensität bei negativem Training liegt dabei über 100% der Maximalkraft (vgl. Boeckh-Behrens & Buskies, 2000). „Dies ist möglich, da neben der willentlich maximalen Kontraktion (100%) in der exzentrischen Phase zusätzlich eine reflektorische Aktivierung von Muskelfasern (Dehnungsreflex) erfolgt und darüber hinaus passive Elastizitätskräfte wirken, sodass der willkürlich erreichbare Maximalkraftwert erhöht wird" (Boeckh-Behrens & Buskies, 2000).

Grundsätzlich spricht man bei Trainingsmethoden mit geringen Intensitäten und hohen Wiederholungszahlen häufig von „gesunden Fitnessmethoden". Anfänger trainieren meist eine Mischung aus Hypertrophie und Kraftausdauer mit moderaten Intensitäten und Umfängen von 15 Wiederholungen. Mit zunehmendem Fitnessniveau steigen dann die Intensitäten an (vgl. Ehlenz et al., 1995). Methoden mit hohen Intensitäten wie Maximalkrafttraining und negativem Krafttraining bringen den Körper an seine absoluten Belastungsgrenzen. Es ist zu erwarten, dass vor allem diese beiden Trainingsmethoden Verletzungen verursachen, sowohl was die Muskulatur als auch was die Gelenkstrukturen betrifft. Des Weiteren ist zu vermuten, dass vor allem bei geringer Trainingserfahrung und unzureichender Anpassung aller Körperstrukturen, wie es bei Trainingsanfängern der Fall ist, hochintensive Trainingsmethoden über kurz oder lang zu Verletzungen und Schäden führen. Gerade im Anfängerbereich könnte ein „Sanftes Krafttraining", mit Beanspruchungen, die nicht bis an die individuelle Belastungsgrenze gehen, vor Verletzungen schützen.

5.2.3 Warm-up

In wahrscheinlich jeder Sportart ist das Aufwärmprogramm ein elementarer Bestandteil des Trainingsablaufs und dient als Verletzungsprophylaxe und Vorbereitung auf das folgende Training bzw. den folgenden Wettkampf. Das allgemeine Aufwärmen (Warm-up) an einem Ausdauergerät sollte dem folgenden Training optimalerweise angepasst werden, in dem die später beanspruchte Muskulatur angesprochen wird. Primäres Ziel ist es, die Körpertemperatur zu erhöhen um die Durchblutung zu fördern und Stoffwechselprozesse anzuregen. Eine 5-10-minütige Ausdauerbelastung sollte nicht zu intensiv (anaerober Bereich) ausgeführt werden, da eine Übersäuerung der Muskulatur das Training einschränken würde. Die individuelle Pulsfrequenz sollte so gewählt werden, dass das Warm-up im aeroben Bereich ausgeführt wird. Die optimale Länge des allgemeinen Aufwärmprogramms kann individuell variieren, sollte jedoch zwischen 5-45 Minuten liegen. Grundsätzlich lässt sich sagen, dass ältere Menschen meist ein längeres Warm-up benötigen als Jüngere, um den gleichen Effekt zu erzielen. Neben dem Herzkreislaufsystem sollten zusätzlich die im Training beanspruchten Muskelgruppen und Gelenkstrukturen ein isoliertes Aufwärmtraining erfahren, um auf die folgenden Belastungen vorbereitet zu sein. Ein Trainingssatz mit keinem bzw. geringem Gewicht und hoher Wiederholungszahl bereitet

Muskelschlingen auf die anschließenden Aufgaben vor, indem sie mit ausreichend Sauerstoff und Energieträgern versorgt werden, und veranlasst die Produktion von Synovia in den Gelenken. Auch eine Mobilisation der Gelenke, z.B. durch Armkreisen, kann zu einer verstärkten Synovia-Produktion führen und das Gelenk im Vorhinein auf die Beanspruchung vorbereiten. Ein auf die folgenden Übungen angepasstes Dehnprogramm sollte nicht zu intensiv ausfallen, da ein längeres Dehnen den Muskeltonus herabsetzen kann und den Muskel entspannt. Ein Dehnprogramm vor dem Training ist jedoch sinnvoll um die Muskulatur auf die folgenden Bewegungsamplituden vorzubereiten.

Auch nach dem Training kann eine leichte aerobe Belastung positiven Einfluss auf das Regenerationsverhalten der belasteten Strukturen haben, um das entstandene Laktat schneller abzubauen (vgl. Boeckh-Behrens & Buskies, 2002).

Die Studie soll Aufschluss darüber geben, ob eine allgemeine oder spezielle Aufwärmung tatsächlich vor Verletzungen schützt. Gerade das Dehnen vor bzw. während des Krafttrainings ist ein viel diskutiertes Thema.

6. Wirkungen des Muskelkrafttrainings auf den Bewegungsapparat

Der aktive und passive Bewegungsapparat stehen aufgrund untrennbarer Verbindungen in permanenter Wechselwirkung zueinander. Aus diesem Grund ist davon auszugehen, dass Krafttraining neben der muskulären Ebene gleichermaßen die passiven Strukturen des Organismus prägt. Die Muskulatur hat eine funktionsstabilisierende Wirkung auf von ihr umschlossene Strukturen wie Wirbelsäule und Gelenke und kann damit Fehlhaltungen und vorzeitigen

Verschleißerscheinungen entgegenwirken. Zimmermann stellt mehrere Querschnitts- und Längsstudien vor, die gezeigt haben, dass die Wirkung von regelmäßigem Krafttraining bei Männern und prämenopausalen Frauen zu einer Vergrößerung der Knochenmasse der beanspruchten Knochenstrukturen führt. Auch im höheren Alter lässt sich dem Knochensubstanzverlust dadurch deutlich entgegenwirken. Sehnen und Bänder sowie die Knorpelstrukturen der betroffenen Gelenke reagieren biopositiv auf physiologische Beanspruchungen und es kommt zu einer Dickenzunahme, verbunden mit einer Erhöhung der Belastbarkeit und Festigkeit dieser Strukturen (vgl. Zimmermann, 2000). Neben den vielen positiven Effekten gibt es auch Risiken aus orthopädischer und internistischer Sicht. Das Muskelgewebe passt sich schneller an steigende Belastungen an als das Binde- und Stützgewebe. Bei einem rasanten Muskelwachstum kann es zu einem Missverhältnis zwischen den beteiligten Strukturen kommen und somit zu einer erhöhten Verletzungsgefahr bei der Kraftübertragung auf die Gelenkstrukturen. Auch die Regeneration findet bei der Muskulatur deutlich schneller statt, da sie durch das Gefäßsystem durchblutet wird. Bei Bändern, Sehnen und Knorpeln findet keine direkte Durchblutung statt, was die Regenerationszeit deutlich verlängert (vgl. Selchow, 2004). Wird die Belastung zu schnell gesteigert, kann dies langfristig zu Veränderung und Zerstörung der morphologischen Strukturen führen. Besonders einseitiges Training mit hohen Beanspruchungen kann verstärkt Verletzungen von Sehnen und Bandapparat verursachen. Im Bodybuilding sind die Verbindung zwischen Sehne und Knochen (Insertionstendopathien), Gelenkarthrosen, Schultereckverletzungen und Handgelenkdistorsionen häufig betroffen (vgl. Geisler, 2008). Auch die Gefahr von Bandscheibendeformationen und Verletzungen der

Wirbelsäule steigt bei einer fehlerhaften Technik und hohen Belastungen um ein Vielfaches (vgl. Letzelter & Letzelter, 1986). Krafttraining führt außerdem zu Anpassungserscheinungen des Herzkreislaufsystems. Intensives dynamisches und statisches Krafttraining führt zu einer Zunahme des peripheren Gefäßwiderstandes und damit zu Anstiegen der Blutdruckwerte. Der entstehende Sauerstoffmehrbedarf und eine möglicherweise durchgeführte Pressatmung führt zu einer Mehrbeanspruchung des Herzmuskels, was wiederum aus gesundheitlicher Sicht kritisch zu bewerten ist. Es kommt zu keinem bedeutenden Anstieg der maximalen Sauerstoffaufnahmekapazität und trägt damit nicht zu einer verbesserten Herzkreislauffunktion bei. Moderates Fitnesstraining (dynamisches Kraftausdauertraining) hingegen hebt den systolischen Blutdruck auf tolerierbare Werte, vorausgesetzt einer nicht vorhandenen Pressatmung. Bei dieser Form des Krafttrainings haben Untersuchungen mittelfristig Anstiege der maximalen Sauerstoffaufnahmekapazität aufgezeigt, abhängig vom aktuellen Niveau der Ausdauerfähigkeit (vgl. Zimmermann, 2000).

Auf die Wirkungen von Krafttraining auf den Stoffwechsel und die Psyche wird hierbei nicht näher eingegangen, da sie zwar zu Erkrankungen führen können, jedoch nicht direkt für Verletzungen und Überlastungsschäden verantwortlich sind.

7. Empirische Studie

In der folgenden Untersuchung werden die Häufigkeiten und Ursachen von Verletzungen und Überlastungsschäden im Fitnessstudio analysiert. Dabei wird zuerst auf die theoretischen Aspekte eingegangen, um im

Anschluss eine qualitative Auswertung, einschließlich Diskussion der Ergebnisse, durchzuführen.

7.1 Einleitung / Problemstellung

Diese Studie beschäftigt sich einerseits mit der Ursachenforschung, andererseits mit der tatsächlichen Verletzungshäufigkeit im Fitnessstudio, vor allem im Krafttraining. Die Überlegungen zu diesem Thema befassten sich mit der Frage, wann und weshalb Sport im Fitnessstudio schädlich für den Sportler wird, ob Krafttraining einen schädigenden Charakter hat und wo die Grenze zwischen gesund und schädlich liegt. Die Datenlage dieser Thematik ist bisher sehr überschaubar. Im vorangegangen Teil wurden die Hintergründe von Fitnesssport im Zusammenhang mit Gesundheit, Verletzungen und Training beleuchtet und ein Verständnis für die Grundlagen dieser Themenbereiche hergestellt. In dieser Studie soll nun statistisch erfasst werden, wie hoch tatsächlich die Verletzungsgefahr im Fitnessstudio ist. Dies betrifft die Gerätefläche bzw. den Ausdauerparcour, jedoch nicht das Kursprogramm, welches von vielen Studios zusätzlich angeboten wird.

Die zentrale Fragestellung lautet: Wie hoch ist die Wahrscheinlichkeit einer Verletzung oder eines Schadens im Fitnessstudio, birgt Krafttraining ein erhöhtes Verletzungsrisiko gegenüber moderatem Fitnesstraining und welche Körperregionen sind besonders häufig betroffen? Die Haupthypothese lautet: Personen, die hauptsächlich Krafttraining (über 60% des Gesamttrainings) ausüben, leiden häufiger an Verletzungen und Überlastungsschäden als diejenigen, die moderaten Fitnesssport (höchstens 60% Krafttraining) betreiben.

Zusätzlich soll die Studie Aufschluss geben über Quantität und Qualität der Verletzungen in Verbindung mit Trainingsintensitäten und Methodiken. Des Weiteren soll die Verteilung der Verletzungen auf Gelenke und Körperstrukturen analysiert werden. Eine weitere Hypothese ist, dass die obere Extremität bei Fitnessstudio-Sportlern prozentual häufiger von Verletzungen betroffen ist als die untere Extremität. Erfahrungen zeigen, dass gerade der Kraftsportler im Fitnessstudio eher dazu neigt, sein Trainingsprogramm oberkörperlastig zu gestalten, dies gilt vor allem für Männer. Auch die Einnahme von Supplements, die das Muskelwachstum begünstigen, sind aller Voraussicht nach hauptsächlich bei Kraftsportlern zu finden. Auch hierbei ist es interessant, ob eine Einnahme möglicherweise Auswirkungen auf die Verletzungswahrscheinlichkeit hat. Eine weitere Nebenhypothese der Untersuchung ist, dass Verletzungen im Fitnessstudio häufig mit außerhalb des Studios ausgeübten körperlichen Belastungen zusammenhängen. Viele Sportarten haben eine sehr charakteristische Verletzungsgeschichte und Vorerkrankungen können durch intensives Krafttraining unter anderem zu einer zunehmenden Degeneration der betroffenen Struktur führen.

7.2 Erhebungsmethoden

In diesem Abschnitt wird die Erhebungsmethode Fragebogen generell beleuchtet und auf Vor- und Nachteile hingewiesen. Außerdem wird die Auswahl der Stichprobe, das Design sowie inhaltliche Aspekte dieser Studie vorgestellt.

7.2.1 Theoretische Darlegung der Erhebungsmethode Fragebogen

Um die zuvor aufgestellten Hypothesen zu verifizieren bzw. falsifizieren, wird die Erhebungsmethode Fragebogen verwendet.

Die Fragebogen-Methode bringt Vor- und Nachteile mit sich. Ein standardisierter Fragebogen ist auf der einen Seite relativ grob und allgemein, auf der anderen Seite aber auch forschungsökonomischer als beispielsweise ein Interview. Es lässt sich leichter eine hohe Quantität der Befragung erreichen. Allen Befragten liegt eine klar strukturierte Vorlage zum Beantworten zu Grunde, was wiederum die Auswertung erleichtert (vgl. Konrad, 2007). Fragebögen können Ausprägungen von Individuen oder von Gruppierungen aufzeigen und erleichtern im Nachhinein ein Vergleichen der gesammelten Daten. Sie sind kostengünstig und je nach Anwendung relativ zeitsparend. Ein weiterer Vorteil ist, dass sie per Post oder Internet, ohne großen Aufwand, an geographisch weit entfernte Zielpersonen geschickt werden können und auf dem gleichen Weg zurück gelangen. Eine räumliche Entfernung spielt beim Fragebogen keine Rolle.

Die Fragebogen-Methode bringt jedoch auch Nachteile mit sich. Beim Versand von Fragebögen ist man abhängig von der Rücklaufquote. Die Fragebogenempfänger sollten dabei sorgfältig ausgewählt werden, um die Rücklaufquote zu erhöhen. Bei Fragebögen ohne Anwesenheit des Fragestellers kommt es häufig zu Unklarheiten und Missverständnissen, die nicht ausgeräumt werden können. Wichtig ist es hierbei, die Fragen so klar und verständlich wie möglich zu formulieren. Die Erhebungssituation ist unkontrollierbar und es kann leichter zu bewusster und unbewusster Fehlaussage kommen. Die Sorgfalt des Befragten kann unter Umständen darunter leiden, dass der Fragesteller nicht anwesend ist (vgl. Konrad, 2007).

7.2.2 Auswahl der Stichprobe

Ziel der Studie ist es, signifikant messbare Mengen zu erheben, die die Hypothesen verifizieren oder falsifizieren. Für die Auswahl einer geeigneten Stichprobe muss erstens die Gruppe der Befragten definiert werden und zweitens die Art der Auswahl bestimmt werden. Grundprämisse, um an der Studie teilzunehmen, ist das regelmäßige Besuchen eines Fitnessstudios, welches auf ein Minimum von zweimal pro Woche, mit einer minimalen Zeitbelastung von zwei Stunden, festgelegt ist. Außerdem ist das Alter der Stichprobe auf 18-60 Jahre determiniert. Wie im Vorangegangen bereits beschrieben, findet ca. ab dem sechzigsten Lebensjahr ein verstärkter Rückgang der konditionellen Fähigkeiten statt, was wiederum Training und Belastbarkeit der Probanden beeinflussen kann. Die Grenze der Volljährigkeit habe ich aus zweierlei Gründen gewählt, einerseits aufgrund der Frage, ab wann der menschliche Organismus bereit für intensives Krafttraining ist, und andererseits aufgrund der geringfügigen Trainingserfahrung, die einen Überlastungsschaden ausschließt. Einschlusskriterium ist ebenso die offene Darlegung der eigenen Verletzungsgeschichte. Ausschlusskriterium ist ein nicht regelmäßiges Trainieren im Fitnessstudio und weniger als ein Jahr Trainingserfahrung. Um eine ausreichend große Stichprobe generieren zu können, ist es ratsam, den Fragebogen in verschiedenen Einsatzgebieten einzusetzen. Die Stichprobengröße habe ich auf ca. 80 Personen festgelegt, bei der sowohl weibliche als auch männliche Probanden gesucht werden. Ein zusätzliches Kriterium bei der Auswahl ist die Heterogenität der Trainierenden. Es müssen genügend Kraftsportler und moderate Fitnesssportler befragt werden, damit signifikante

Vergleichswerte erhoben werden können. Kraftsportler und Fitnesssportler müssen außerdem klar definiert werden.

7.2.3 Design

Nach der Festlegung auf die empirische Methode Fragebogen und der Bestimmung der Stichprobe gilt es, das Design für die Studie zu bestimmen. Im Rahmen dieser Arbeit macht ein randomisiertes Design Sinn, da die Zeit der Studie auf drei Monate begrenzt ist. Im Folgenden gilt es abzuwägen, auf welchen Zeitraum die Retrospektive beschränkt ist. Einerseits stellt ein langer Zeitraum den Vorteil dar, mehr Informationen über Verletzungen und Überlastungsschäden zu erheben, auf der anderen Seite birgt es die Gefahr der lückenhaften Dokumentation. 15 Monate scheint in diesem Zusammenhang ein überschaubarer Zeitraum, bei dem es dem Probanden nicht sonderlich schwer fallen sollte, seine Verletzungsgeschichte zu rekonstruieren. Beginn des statistisch erhobenen Zeitraums ist der 01.01.2011, Ende der Zeitpunkt, zu dem der Fragebogen ausgefüllt wird (März-Mai 2012). Trotz kleiner Schwankungen des untersuchten Zeitraums (14-16 Monate) wird im weiteren Verlauf der Studie von 15 Monaten die Rede sein.

Um genügend Probanden mit dem Fragebogen zu erreichen, kommen vier Erhebungsmodi zum Einsatz. Der direkte Kontakt im Fitnessstudio, bei dem die Sportler beim Ausfüllen des Fragebogens begleitet werden, das Bereitstellen von Fragebögen in den Räumlichkeiten eines Studios, die Verbreitung über die sozialen Netzwerke Facebook und StudiVZ und über direktes Anschreiben mit dem Verweis auf die Homepage http://carlo-ortmann.jimdo.com/, auf der der Fragebogen hinterlegt ist.

Die Auswahl der Fitnessstudios mit direktem Kontakt fiel auf zwei Vereinsstudios, die in der Regel ein sehr gemischtes Publikum aufweisen und dadurch ein breites Spektrum an Interessen und Trainingsmethoden abdecken. Die Studios werden über Rahmen und Inhalt der Studie informiert und nur durch Zustimmung ein Teil des Stichprobenpools. Die Auswahl der Teilnehmer ist soweit es geht willkürlich getroffen, mit den bereits beschriebenen Einschlusskriterien. Sie werden über die Zielsetzung der Studie informiert und gebeten, den Fragebogen soweit auszufüllen, wie es ihnen möglich ist bzw. soweit sie dazu bereit sind. Bei eventuell aufkommenden Fragen werden die einzelnen Punkte noch einmal erläutert, so dass Interpretationsunterschiede der einzelnen Teilnehmer minimiert werden.

Ein Fragebogen ist nur dann gültig, wenn alle Einschlusskriterien erfüllt sind und der Teilnehmer bestätigt, die erhobenen Daten für genannte Zwecke nutzen zu dürfen.

Die Probanden werden in zwei Gruppen eingeteilt, Kraftsportler und Fitnesssportler. Die Kraftsportler werden definiert durch einen Kraftanteil, der über 60% des Gesamttrainings liegt. Die Fitnesssportler werden definiert durch einen Kraftanteil, der höchstens 60% des Trainings ausmacht.

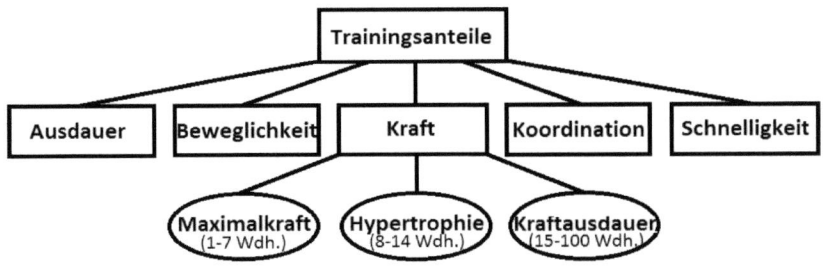

Abbildung 5: Trainingsanteile

Die Kraftanteile Schnellkraft und Reaktivkraft werden in dieser Grafik nicht berücksichtigt, da der Fokus auf Wiederholungszahlen der Krafttrainingsmethoden Maximalkraft, Hypertrophie und Kraftausdauer liegt.

7.2.4 Inhaltliche Aspekte der Befragung

Die Probanden werden gebeten, Auskunft zu ihrem eigenen Training und ihrer Verletzungsgeschichte zu geben. Die Inhalte des Fragebogens beziehen sich auf die Trainingsinhalte, die Trainingsmethoden und auf die Trainingsintensität. Die Verletzungsgeschichte des letzten Jahres soll so genau wie möglich beschrieben werden. Die gesammelten Daten sollen Aufschluss über Zusammenhänge von Training und möglichen physischen Erkrankungen geben.

Im Mittelpunkt der Ergebnisdarstellung stehen einige Kernfragen des Fragebogens, die eine erhöhte Relevanz für die Auswertung der Studie haben. Zu diesen Kernfragen gehört die Art der gesamten sportlichen Belastung, bei der erhoben werden soll, welche Risikofaktoren neben dem Fitnessstudio auf den Körper wirken. Dabei soll herausgefiltert werden, welche Verletzungen mit großer Wahrscheinlichkeit nicht ihren Ursprung im Fitnessstudio haben. Der Fragebogen konzentriert sich dabei auf die Hauptsportart des jeweiligen Sportlers neben dem Fitnessstudio. Des Weiteren wird erfragt, wie viele Jahre Trainingserfahrung der Proband im Fitnessstudio hat und wie viele Trainingseinheiten pro Woche absolviert werden. Bei weniger als einem Jahr Fitnesserfahrung und nicht zweimaligem wöchentlichen Training im Fitnessstudio fällt der Befragte aus dem Raster. Ausnahme hierbei ist das zeitweilige Pausieren aufgrund von Verletzungen. Ein besonderes Augenmerk fällt auf die Fragen hinsichtlich der Trainingsanteile Kraft, Ausdauer, Beweglichkeit/Stretching/Koordination. Diese Werte legen fest, ob der Trainierende zur Gruppe Kraftsportler oder zur Gruppe Fitnesssportler gehört, was wiederum für die Verifizierung bzw. Falsifizierung der Hypothesen eine erhebliche Rolle spielt. Die Kraftanteile Maximalkraft, Hypertrophie, Kraftausdauer spielen bei der Auswertung der Ergebnisse ebenfalls eine wichtige Rolle. Dies gilt gleichermaßen für die bevorzugt trainierten Körperregionen, bei denen zwischen Oberkörper, Unterkörper und Rumpf unterschieden wird. Darüber hinaus genießt die Erwärmung eine besondere Aufmerksamkeit, wenn es um die Vorbeugung von Verletzungen geht. Der letzte Kernfragenblock bezieht sich auf die Verletzungsart und Verletzungsgeschichte. Dabei soll der Befragte möglichst genau die Art der Verletzung/Erkrankung beschreiben, sie genau lokalisieren und seine eigene Einschätzung zu den Ursachen darlegen. In Verbindung mit der Untersuchung der Schmerzlokalisationen wird nicht über Verletzungen und Schäden gesprochen, da es in diesem Zusammenhang zwar wahrscheinlich, jedoch nicht garantiert ist, dass es sich tatsächlich um solche handelt. Stattdessen wird der Begriff Beschwerde bzw. Beschwerdebild verwendet, welcher auf eine

Verletzung oder einen Schaden hinweist. Zusätzlich wird nach der medizinischen Behandlung der jeweiligen Verletzung gefragt und nach der Dauer der Sportpause.

Der Gesamtumfang des Fragebogens beläuft sich auf 59 Fragen, die ausgedruckt drei DinA4-Seiten umfassen. Der Fragebogen ist im Anhang vollständig abgebildet.

7.3 Ergebnisse

Im Ergebnisteil werden die gesammelten Fragebögen ausgewertet und die relevanten Ergebnisse zusammengefasst. Alle Werte über 1 werden mit einer Stelle hinter dem Komma angegeben, Werte unter 1 mit zwei Stellen hinter dem Komma. Bei Fragebögen, bei denen zwei Werte in einer Antwort angegeben werden, fließt in der Regel der höhere Wert in die Auswertung ein. Bei einigen Fragenkomplexen deren Summe 100% ergeben soll, kommt es aufgrund von fehlerhaften Einträgen zu geringfügigen Abweichungen.

Der erste Schritt der Auswertung ist das Ausfiltern der Fragebögen, die für die Studie keine Bedeutung haben. Alle Fragebögen, bei denen höchstens die Hälfte aller Fragen beantwortet wurde, wurden aus dem Pool entfernt. Des Weiteren werden die Teilnehmer aussortiert, die nicht mindestens zweimal pro Woche das Fitnessstudio besuchen und eine zeitliche Gesamtbelastung von mindestens zwei Stunden in der Woche haben. Ebenfalls herausgenommen werden alle Teilnehmer, die entweder jünger als 18 oder älter als 60 sind und diejenigen, die nicht mindestens 1 Jahr Trainingserfahrung vorweisen. Damit stehen der Studie insgesamt 76 Teilnehmer bzw. Fragebögen zur Verfügung, bestehend aus 24 Frauen und 52 Männern mit einem Durchschnittsalter von 27,6 Jahren. Im Schnitt gehen die Probanden dreimal in der Woche ins Fitnessstudio mit einer durchschnittlichen Trainingslänge von 85,5 Minuten pro Einheit. Ihr primäres Ziel ist der Kraftzuwachs, gefolgt von einer „Verbesserung" des Aussehens, einer Steigerung der Allgemeinen Fitness und der Stabilisierung der Gesundheit.

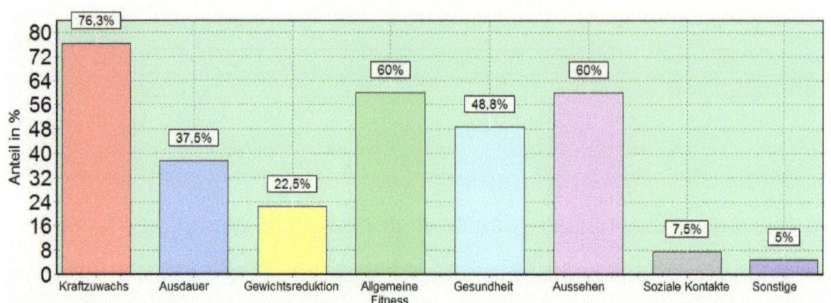

Abbildung 6: Ziele im Fitnessstudio

Das Training im Fitnessstudio besteht im Schnitt zu 61,9% aus Krafttraining und zu 24,6% aus Ausdauertraining. Der Trainingsanteil Beweglichkeit/Stretching/Koordination macht 13,5% der gesamten Trainingsbelastung aus. Das Krafttraining lässt sich weiterhin einteilen in Maximalkrafttraining (17,7%), Hypertrophietraining (50,8%), Kraftausdauertraining (24,6%) und Schnellkraft/Reaktivkrafttraining (6,4%). Die geringe Abweichung von hundert Prozent liegt an Additionsfehlern in drei Fragebögen, bei denen der gesamte Krafttrainingsumfang nicht 100% ergibt. Das Training des Oberkörpers macht nahezu die Hälfte des Trainings aus (48,9%), Unterkörper (24,9%) und Rumpf (26,1%) zusammen ungefähr die andere Hälfte. Bei Männern macht das Training des Oberkörpers 54,5% aus und bei Frauen 36,6%. Beim Unterkörper verhält es sich genau anders herum,

Männer trainieren diesen zu einem Anteil von 20,1% und Frauen zu einem Anteil von 35,7%. Die Rumpfmuskulatur wird von beiden nahezu mit identischem Umfang trainiert.

Das Aufwärmprogramm ist bei den meisten Studienteilnehmern fester Bestandteil der Trainingseinheit. Über 60% geben an, sich immer aufzuwärmen und nur ca. 5% verzichten gänzlich auf eine Erwärmung.

Nennung	Anteil
Immer	61,3%
Meistens	20,0%
Gelegentlich	13,8%
Nie	5,0%
Anteil	100,0%

Abbildung 7: Häufigkeit des Aufwärmprogramms

Nennung	Anteil
Laufband	30,6%
Fahrrad	20,7%
Crosstrainer	27,0%
Ruderergometer	6,3%
Sonstiges	8,1%
Keine	7,2%
Anteil	100,0%

Nennung	Anteil
Dehnung	21,9%
Mobilisation	13,7%
Satz mit geringerem Gewicht	49,3%
Satz ohne Gewicht	13,7%
Keine	34,3%
Sonstige	5,5%
Anteil	138,4%

Abbildung 8: Herzkreislauferwärmung & spezifische Erwärmung vor den Übungen

Neben dem Cardiogerät, dessen beliebtester Vertreter das Laufband (30,6%) ist, wird vor allem der Satz mit einem gering gewählten Gewicht (49,3%) vor der jeweiligen Übung genutzt, um sich auf die anstehenden

Belastungen vorzubereiten. Nur etwa 7,2% nutzen kein Cardiogerät um das Herzkreislaufsystem anzuregen und etwa ein Drittel gibt an, keine spezielle Aufwärmung vor jeder Übung durchzuführen. Nach dieser Studie hat die Durchführung eines Aufwärmprogramms keinen positiven Einfluss auf die Häufigkeit von Beschwerdebildern. Die Probanden, die angaben, immer ein Aufwärmprogramm zu absolvieren, leiden nach Abzug der Ursachen Hauptsportart und Vorerkrankung im Schnitt unter 0,7 Beschwerden pro Person. Die Probanden, die angaben, sich nie oder manchmal aufzuwärmen, leiden im Schnitt unter 0,38 Beschwerden pro Person. Die Studienteilnehmer, die „Meistens" angekreuzt haben, sind mit 0,94 Beschwerden noch die anfälligste Gruppe.

Neben dem Fitnessstudio betreiben die Studienteilnehmer noch eine Vielzahl anderer Sportarten. 84,2% der Probanden üben neben dem Fitnessstudio noch andere Sportarten aus, wobei das Laufen mit Abstand die häufigste zusätzliche sportliche Belastung darstellt. 52,6% aller Probanden laufen neben dem Fitnessstudio, 22,2% fahren Fahrrad, 22,2% spielen Fußball, 17,3% schwimmen und 14,8% betätigen sich in einem Rückschlagspiel.

Betrachtet man die physischen Erkrankungen, so scheinen Gelenkstrukturen mit den dazugehörigen Bestandteilen insgesamt am anfälligsten zu sein. Die häufigsten physischen Erkrankungen sind Verletzungen der Gelenke (29,3%) und Überlastungen der passiven Strukturen wie Bänder, Sehnen und Knorpel (30,7%). Eine Verletzungsgefahr der Muskulatur (13,3% exklusive Muskelkater) ist deutlich geringer und eine Erkrankung der Herzgefäße wurde von keinem Trainierenden bestätigt. Knochenfrakturen sowie Schädigungen der Knochenhaut wurden ebenfalls von keinem der Probanden genannt. Eine genaue Diagnose der Verletzung ist nicht Bestandteil der Ergebnisse, da nur ein Bruchteil der Studienteilnehmer ihre physischen Erkrankungen genau bestimmen konnten.

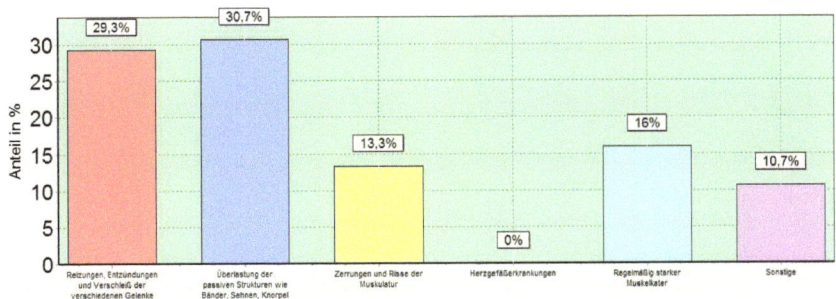

Abbildung 9: Physische Erkrankungen/Verletzungen im Fitnessstudio

Legende:
Reizungen, Entzündungen und Verschleiß der Gelenke: 29,3%
Überlastung der passiven Strukturen wie Bänder, Sehnen, Knorpel: 30,7%
Zerrungen und Risse der Muskulatur: 13,3%
Herzgefäßerkrankungen: 0%
Regelmäßig starker Muskelkater: 16%
Sonstige: 10,7%

Bei der Verteilung der Verletzungen auf Körperregionen wird sichtbar, dass die untersuchten Studienteilnehmer unter einer Vielzahl verschiedener Beschwerden leiden. Die von Beschwerdebildern am häufigsten betroffene Region stellt die Schulter dar (24,2%), gefolgt von dem Knie (22,2%). Die Wirbelsäule und Handgelenke machen jeweils

10,1%, die Füße 8,1% und die Hüfte 7,1% der Gesamtzahl der Beschwerden aus. Der Ellenbogen ist mit 3% am seltensten betroffen.

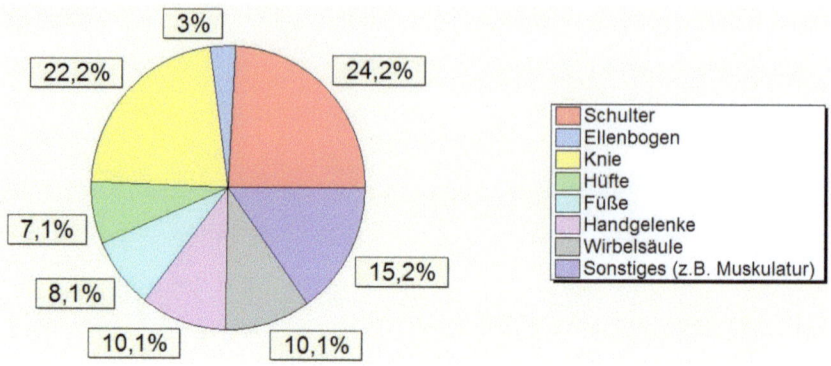

Abbildung 10: Prozentuale Verteilung der Beschwerdebilder

31,6% aller Studienteilnehmer klagen/klagten in den letzten 15 Monaten über Schulterbeschwerden und 28,9% über Kniebeschwerden. Der Ellenbogen ist mit 4% in diesem Zusammenhang das unempfindlichste „große" Gelenk des menschlichen Körpers. Nur 19,7% der Probanden gaben an, gar keine physischen Beschwerden zu haben.

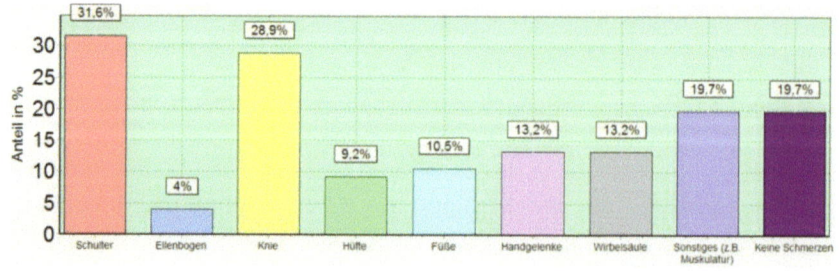

Abbildung 11: Häufigkeit der Beschwerden bei den Studienteilnehmern

Legende:
Schulter: 31,6%
Ellenbogen: 4%
Knie: 28,9%
Hüfte: 9,2%
Füße: 10,5%
Handgelenke: 13,2%
Wirbelsäule: 13,2%
Sonstiges (z.B. Muskulatur): 19,7%
Keine Schmerzen: 19,7%

Im Schnitt leidet/litt jeder Proband unter 1,3 Beschwerdebildern in den letzten 15 Monaten. Laut Einschätzung der Teilnehmer lässt sich erfassen, dass bei 46,5% aller Beschwerden ein direkter Zusammenhang zwischen Fitnessstudio und Verletzung eher unwahrscheinlich ist, und eine Vorerkrankung oder die Hauptsportart als Ursache in Betracht kommt. Abzüglich dieser fitnessstudiounabhängigen Ursachen existieren noch weitere 0,7 Beschwerdebilder, die aller Voraussicht nach ihren Ursprung im Fitnessstudio haben. Die am häufigsten genannte Ursache, die zu Beschwerdebildern führt, ist die Überlastung mit 32,3%. Eine fehlerhafte Technik (24,2%) und ein mangelndes Warm-up (12%) werden ebenfalls als häufige Ursachen genannt. Die Prozentzahlen ergeben aufgrund von Mehrfachnennungen mehr als 100%.

Im Hinblick auf andere sportliche Belastungen scheinen besonders Erkrankungen der unteren Extremitäten im direkten Zusammenhang mit der Hauptsportart zu stehen. 62,5% der unter Fußschmerzen leidenden Sportler geben ihre Sportart (Basketball, Fußball, Volleyball und Tanzen) als Hauptursache an. Auch die Ursache der Knieschmerzen werden zu

45,5% direkt der Hauptsportart zugeschrieben, vor allem dem Laufen, dem Fußball und den Rückschlagspielen. Bei Verletzungen der oberen Extremitäten, allen voran der Schulter, sind die Ursachen verschieden, aber nach Angaben der Probanden vermutlich besonders der Überlastung (62,5%) zuzuschreiben. Die Ursachen der Handgelenkverletzungen sind ebenfalls nicht eindeutig, scheinen jedoch relativ häufig an einer fehlerhaften Technik zu liegen (50%). Sowohl Schmerzen der Hüfte als auch der Wirbelsäule scheinen zu einem großen Teil (42,9% / 50%) aufgrund einer Vorerkrankung zu Beschwerden zu führen. Weitere 30% der Schmerzen im WS-Bereich werden einer Fehlbelastung bzw. einer fehlerhaften Technik zugeschrieben.

Von insgesamt 99 genannten Beschwerdebildern von 61 Studienteilnehmern wurden bei 38 (38,4%) ein Arzt hinzugezogen, 8 (8,1%) operativ behandelt und in 24 (24,2%) Fällen folgte eine Physiotherapie. Besonders häufig müssen Verletzungen der unteren Extremitäten operativ behandelt werden (20%). Die oberen Extremitäten werden mit einem Anteil von 2,7% deutlich seltener mit Hilfe einer OP behandelt. Auffällig in diesem Zusammenhang ist, dass bei Schulterbeschwerden relativ häufig (50%) ein Arzt konsultiert wird. Bei Knieverletzungen bewegt sich der Anteil aller medizinischen und therapeutischen Behandlungsformen über dem Durchschnitt. Bei 40,9% der Knieverletzungen wurde ein Arzt hinzugezogen, bei 13,6% kam es zu einer OP und bei 36,4% zur Physiotherapie. Bei den 8 Fußverletzungen wurden ebenfalls 3 operativ behandelt (37,5%). Bei Erkrankungen der Wirbelsäule war in 80% der Fälle eine Physiotherapie die Folge.

Die Einteilung in Kraft- und Fitnesssportler ergibt ein Verhältnis von 35/40, ein Studienteilnehmer lässt sich aufgrund fehlender Angaben der Trainingsanteile Kraft, Ausdauer und Beweglichkeit/Stretching/Koordination nicht einordnen. Die 35 Kraftsportler (2 Frauen, 33 Männer) sind durchschnittlich 25,6 Jahre alt und haben eine Trainingserfahrung von 5,2 Jahren. Die Fitnesssportler (21 Frauen, 19 Männer) sind im Schnitt ca. 3 Jahre älter und haben eine Trainingserfahrung von 7 Jahren. Das zentrale Trainingsziel der Kraftsportler ist der Muskelzuwachs, den 91,4% als wichtige Zielkomponente angegeben haben. Die Fitnesssportler haben ebenfalls den Muskelzuwachs als vorrangiges Ziel angegeben (62,5%), dicht gefolgt von Allgemeiner Fitness (57,5%) und Ausdauer (55 %). Die Trainingsanteile der Kraftsportler sind 80,9% Krafttraining, 9,3% Ausdauertraining und 9,6% Beweglichkeits- und Koordinationstraining. Die Fitnesssportler nutzen ihre Zeit im Studio für 45,4% Krafttraining, 38% Ausdauertraining und 16% Beweglichkeits- und Koordinationstraining. Die Trainingsintensitäten sind aufgrund der Anteile Hypertrophie und Kraftausdauer bei den Kraftsportlern mit 64,5% Hypertrophietraining und 13,9% Kraftausdauertraining deutlich höher als bei den Fitnesssportlern mit 38,6% Hypertrophietraining und 34,2% Kraftausdauertraining. Der Maximalkraftanteil ist bei beiden Gruppen ähnlich hoch. Es darf allerdings nicht vergessen werden, dass die Kraftsportler insgesamt einen höheren Krafttrainingsumfang haben und dadurch auch alle Krafttrainingsanteile in ihrem absoluten Umfang größer sind. Der Oberkörper steht mit 58,1% (Kraftsportler) und 40,7% (Fitnesssportler) Trainingsanteil im Fitnessstudio im Mittelpunkt beider Gruppen. Das Training des Unterkörpers macht bei den Kraftsportlern 17,5% der Trainingszeit aus und bei den Fitnesssportlern 31,6%.

27 von 35 Kraftsportlern haben insgesamt 42 Beschwerdebilder, was bedeutet, dass die untersuchten Kraftsportler unabhängig von den Ursachen seit dem 01.01.2011 durchschnittlich 1,2 Beschwerden hatten, bei denen die Schulter mit 11 Nennungen die am häufigsten betroffene Region ist. 31,4% der 35 Kraftsportler leiden/litten demnach unter Schmerzen im Schulterbereich. 33 der 40 Fitnesssportler haben 55 Beschwerdebilder (1,38/Person) bei denen das Knie mit 37,5% noch vor der Schulter mit 30% steht. Nach Ausschluss der nicht direkt mit dem Fitnessstudio zusammenhängenden Ursachen bleiben bei den Kraftsportlern 20 (0,57/Person) und bei den Fitnesssportlern 32 Beschwerdebilder (0,8/Person), die mit großer Wahrscheinlichkeit in direkter Verbindung mit dem Training im Fitnessstudio stehen.

Die Zusammenhänge zwischen Trainingsintensitäten und Verletzungswahrscheinlichkeiten ergeben im Hinblick auf das Maximalkrafttraining deutliche Auffälligkeiten. Die Studienteilnehmer, bei denen das Maximalkrafttraining, also das Training mit extrem hohen Intensitäten und niedrigen Wiederholungszahlen, mindestens ein Viertel des Krafttrainings ausmacht, leiden unter 1,3 Beschwerden pro Person, was dem Mittelwert der gesamten Gruppe entspricht. Nach Ausschluss von Vorerkrankungen und Hauptsportarten bleiben 0,86 Beschwerden pro Person, bei denen eine direkte Verbindung zwischen Training im Fitnessstudio und Beschwerde wahrscheinlich ist (Mittelwert: 0,7/Person). Besonders hoch ist der Wert bei Trainierenden unter 26, bei denen im Schnitt jeder Proband auf eine Beschwerde kommt. Bei den Teilnehmern mit einem Maximalkrafttrainingsanteil unter 25%, liegt die Wahrscheinlichkeit nach Ausschluss von Vorerkrankungen und Hauptsportarten nur bei 0,6 Beschwerden pro Person.

Ein Schnellkrafttraining, welches mindestens 10% des Gesamtkrafttrainings ausmacht, führt zu keinem quantitativen Anstieg der Beschwerden. Schnellkraftsportler haben nach Abzug der studiounabhängigen Ursachen durchschnittlich 0,67 Beschwerden pro Person, was wiederum knapp unter dem Richtwert der gesamten Gruppe liegt.

Die Einnahme von Proteinprodukten, Kreatin etc. scheint das Risiko einer Beschwerde weder zu erhöhen noch zu senken. Die Probanden, die zu Proteinprodukten und den Nahrungsergänzungsmitteln Kreatin, Aminosäuren und Gaba greifen, haben nach Abzug der Ursachen, die nicht das Fitnessstudio betreffen, wie die gesamte Gruppe durchschnittlich 0,7 Beschwerden pro Person.

7.4 Diskussion

In der Diskussion werden die gesammelten Ergebnisse noch einmal genauer beleuchtet und ihre Aussagekraft bewertet. In diesem Zusammenhang werden auch andere vergleichbare Studien herangezogen, die die Daten bestärken beziehungsweise entkräften sollen. Zuerst lässt sich festhalten, dass eine Studiengruppe von 76 Personen sicherlich nur eine bedingte Aussagekraft hat, Tendenzen jedoch durchaus klar aufgezeigt werden können. Auch die Auswahl der Teilnehmer ist nur bedingt zufällig getroffen, da vor allem die Methode des Verbreitens des Fragebogens über soziale Netzwerke (Facebook) gezielt eingesetzt wurde. Das Verbreiten in Gruppen, beispielsweise bestehend aus Sportstudenten, könnte auf gewisse Kenntnisse bezüglich Verletzungsprophylaxe im Fitnessstudio schließen lassen. Auch das direkte Anschreiben von Einzelpersonen widerspricht dem Zufallsprinzip und bringt eine gewisse Subjektivität in die Auswahl der

Probanden. Der Großteil der ausgewählten Studienteilnehmer ist jedoch unbekannt und schließt aus diesem Grund eine bestimmte Lenkung der Studie aus.

Der Blick auf die Ziele des Trainings im Fitnessstudio verrät, dass Gesundheit nicht im Fokus der Studienteilnehmer liegt. Ziele wie Kraftzuwachs und die „Verbesserung" des Aussehens und der allgemeinen Fitness stehen vor der Gesundheit. Gerade die Ziele Kraftzuwachs und Aussehen könnten ein Indiz dafür sein, dass Belastungsgrenzen nicht zwangsläufig eingehalten werden. Der Ehrgeiz der Trainierenden und der damit verbundene Einsatz, könnte zu einer Überlastung der beteiligten Körperstrukturen führen und die Gefahr einer Verletzung anheben. Betrachtet man die Beschwerdebilder der Probanden, die Gesundheit als Ziel angegeben haben, und vergleicht sie mit denjenigen, die Aussehen und Kraftzuwachs anstreben, sind nur minimale Unterschiede in der Anzahl der Beschwerden zu erkennen. Dies liegt allerdings vor allem an Ursachen außerhalb des Studios, denn nach Abzug dieser Faktoren haben die Probanden mit dem Ziel Gesundheit durchschnittlich 0,23 Beschwerden weniger.

Wie zu erwarten macht Krafttraining den Hauptanteil des Trainings im Studio aus, nämlich 61,9%. Der Grund ist vermutlich, dass Ausdauer und Beweglichkeit nicht unbedingt das Equipment des Studios benötigen und auch außerhalb der Räumlichkeiten der Fitnessanlagen trainiert werden können. Besonders der Ausdauersport wird in den Sommermonaten oft und gern zum Outdoorsport und ist deshalb nicht so extrem an das Fitnessstudio gebunden wie der Kraftsport. Ähnlich verhält es sich mit dem Training der Beweglichkeit, dem Stretching und der Koordination. Auch hier haben die Probanden die Möglichkeit, das

Training weitestgehend aus dem Studio auszulagern und z.B. zu Hause weiter an diesen Fähigkeiten zu arbeiten.

Das Krafttraining ist eindeutig auf Hypertrophie (50,8%) ausgelegt. Das macht auch Sinn, wenn man die angegebenen Ziele verwirklichen möchte. Sowohl Kraftzuwachs als auch eine „Verbesserung" des Aussehens können durch eine Vergrößerung des Muskelquerschnitts erreicht werden. Gerade das Idealbild vieler Männer wird über eine Vergrößerung der Muskelmasse definiert, besonders in Hinblick auf den Oberkörper.

Dies bestätigt der Blick auf den Umfang des Trainings in Hinsicht auf den Oberkörper, der mit 48,9% den Hauptteil des Trainings ausmacht. Im Zuge der Zielperspektive Aussehen hat das Training des Oberkörpers bei Männern mit 54,5% einen noch größeren Stellenwert und liegt damit deutlicher im Fokus als bei den Frauen (36,6%). Das relativ ausgeglichene Verhältnis bei den Frauen weist darauf hin, dass hier kein verstärkter Fokus auf dem Oberkörper liegt. Das weibliche Schönheitsideal, zumindest der westlichen Welt, zeichnet sich durch ein Schlankheitsideal aus, und widerspricht in gewissem Maße dem Prinzip des Hypertrophietrainings, bei dem es zu einer Körpermassenzunahme kommt (vgl. Davids, 2004). Langfristig kommt es allerdings zu einer Reduktion des Körperfettanteils durch einen höheren Energiebedarf, auch in körperlichen Ruhephasen. In diesem Zusammenhang ist das Ziel der Gewichtsreduzierung bei den weiblichen Probanden mit 43,5% nahezu viermal so hoch ist wie bei den Männern (11,5%).

Die Auswirkungen einer Erwärmung auf das Verletzungsrisiko sind in dieser Studie nicht klar zu erkennen. Bei einem Blick auf die Art der Verletzung lässt sich jedoch eine Tendenz feststellen, dass Trainierende, die häufig oder immer auf eine Aufwärmung verzichten, vermehrt

Reizungen, Entzündungen und Verschleiß der Gelenke bzw. Überlastungen der passiven Strukturen wie Bänder, Sehnen und Knorpel aufweisen. Ein in die Aufwärmung integriertes Dehnprogramm scheint die Gefahr einer Verletzung der Muskulatur oder zumindest eines starken Muskelkaters zu erhöhen. 37,5% der Studienteilnehmer, die eine Dehnung vor dem Training durchführten, klagten in den letzten 15 Monaten über derartige Verletzungen. Bei den Probanden, bei denen ein Dehnprogramm nicht Teil des Aufwärmprogramms ist, waren nur 21,1% von muskulären Verletzungen inklusive Muskelkater betroffen. Auch Veihelmann sieht Dehnen als Teil der Aufwärmphase für die Verletzungsprophylaxe als ungeeignet an. Gerade statisches Dehnen bewirkt „eine Unterbrechung der Muskeldurchblutung und ist deshalb im Hinblick auf die Ziele des Aufwärmens wie z.B. die Verbesserung der Elastizität der Gewebe durch Erwärmung kontraproduktiv" (Veihelmann, 2004). Stattdessen steigt die Gefahr einer muskulären Verletzung, sowohl während der Dehnphase, als auch in der darauf folgenden Belastung. Wydra ist der Meinung, dass es vor allem auf die einwirkenden Kräfte und die Zeitdauer des Dehnvorgangs ankommt (vgl. Wydra, 2006). Besonders groß ist die Gefahr bei nachfolgendem Schnellkrafttraining, bei dem die Muskulatur schnellstmöglich kontrahiert (vgl. Wentz, 2005).

Die ermittelten Daten dieser Studie, gerade in Verbindung mit der Häufigkeit der Erwärmung, scheinen in ihrer Aussagekraft limitiert. Bei der Frage nach der Häufigkeit wird nicht zwischen allgemeiner und spezifischer Erwärmung unterschieden, was die Auswertung der Ergebnisse erheblich erschwert. Eine genauere Untersuchung der Verletzungsmuster und der Art der Erwärmung könnten weitere Erkenntnisse liefern.

Die sportlichen Belastungen sowohl innerhalb als auch außerhalb des Studios scheinen einen großen Einfluss auf die Verletzungsgeschichte der Probanden zu haben. 84,2% der Probanden üben neben dem Fitnessstudio noch weitere Sportarten aus, die direkt oder indirekt mit den erhobenen Beschwerden zusammenhängen könnten. Die Ursachen von Verletzungen sind relativ einfach zu bestimmen, da sie mit einem traumatischen Ereignis (Unfall) einhergehen. Die Wahrscheinlichkeit eines Sportunfalls ist besonders bei Ballsportarten erhöht. 70% aller Sportunfälle im Vereinssport fallen auf Fußball, Basketball, Handball und Volleyball (vgl. KKH, 2008). Hierbei handelt es sich um absolute Zahlen, welche nicht die Verletzungswahrscheinlichkeiten in einer Sportart widerspiegeln. Überlastungsschäden und ihre Ursachen sind weniger leicht zu erkennen, da sie schleichend und aus einer Summe von Über- und Fehlbelastungen entstehen. Ein häufiges Indiz für einen Sportschaden ist ein unterschwelliger Schmerz, der nicht zwangsläufig zu einem Übungsabbruch führt, aber die Belastbarkeit der betroffenen Körperstruktur herabsetzt. Gegenüber den Sportverletzungen liegt nahezu allen Sportschäden ein eigenes Fehlverhalten zu Grunde. Die Einteilung der Ursachen in extrinsische und intrinsische Faktoren macht demnach im Fitnessstudio wenig Sinn, da die Gefahr einer fremdverschuldeten Verletzung/Schaden relativ gering ist. Lediglich bei einer Hilfestellung oder bei einem Materialfehler könnte man von einer extrinsischen Ursache sprechen (vgl. KKH, 2008)

Diese Studie sollte auf der einen Seite aufzeigen, welche Körperstrukturen im Fitnessstudio am häufigsten von Verletzungen betroffen sind, und auf der anderen Seite herausstellen, in welchen Körperregionen es zu vermehrten Schmerzreaktionen kommt.

Entgegen der gesammelten Ergebnisse der Studie sind Verletzungen der Muskulatur im Sport die häufigsten Gründe einer Sportpause und machen bis zu 55% aller Sportverletzungen aus (vgl. Smigielski, 2005). Dies könnte ein weiteres Indiz dafür sein, dass die gesammelten physischen Erkrankungen vor allem Überlastungsschäden und keine Sportverletzungen sind. Muskelverletzungen werden häufig unterschätzt, was zu einer eingeschränkten Heilung führt und somit die Gefahr einer erneuten Verletzung steigert. (vgl. Smigielski, 2005).

Insgesamt gaben 80,3% der Probanden an, seit dem 01.01.2011 physische Schmerzen verspürt zu haben. Geisler gibt in einer Studie über Risikoaspekte beim Fitnesstraining ganz ähnliche Zahlen an, nach der 87% der beteiligten Personen während oder nach dem Training über Schmerzen klagten (vgl. Geisler, 2003). Unklar ist jedoch, ob die Befragten ebenfalls eine zeitliche Einschränkung von etwa 15 Monaten hatten.

Bei der Frage nach Schmerzen ist zu bedenken, dass das Schmerzempfinden sehr subjektiv ist und von Person zu Person unterschiedlich stark ausgeprägt ist. Aus diesem Grund könnte das Definieren von Verletzungen und Schäden über Schmerzen zu Ungenauigkeiten führen, welche nicht exakt zu erfassen sind. Auf der anderen Seite sind physische Schmerzen in den meisten Fällen ein deutliches Indiz für Reizungen, Erkrankungen und Schädigungen des betroffenen Gewebes. Hinzu kommt, dass die Frage nach Schmerzen, auch bei völliger Unwissenheit gegenüber Körperstrukturen und deren Beschwerdebildern, einfach zu beantworten und demnach die wahrscheinlich zuverlässigste Anamnesemethode ist. Aus diesem Grund stützt sich die Auswertung der gesammelten Daten in erster Linie auf die auftretenden Schmerzen und nicht auf die Art der physischen Erkrankung.

Bei einem Blick auf die Schmerzlokalisationen fällt auf, dass die Schulter mit einem Anteil von 24,2% die am häufigsten betroffene Körperregion ist. Betrachtet man die Verletzungshäufigkeit der Schulter in anderen Sportarten, wird dies bestätigt. Wie bereits bekannt ist, betreffen 5-8% aller akuten Verletzungen des menschlichen Körpers das Schultergelenk, 3% sind Überlastungsschäden (vgl. Snyder et al., 1990). Die Schulter stellt damit das verletzungsanfälligste Gelenk der oberen Extremitäten dar und ist nach dem Kniegelenk das am zweithäufigsten betroffene Gelenk bei Sportverletzungen (vgl. Schweppe, 2007). Die Zahlen zeigen jedoch auch, dass die Schulter im Fitnesssport einen noch höheren Anteil aller Verletzungen ausmacht. Für Kraftsportler hat das Schultergelenk eine elementare Rolle, da die meisten Übungsformen des Oberkörpers mit einer Bewegung des Schultergelenks zusammenhängen. Die Ergebnisse des Verletzungsprofils von 600 Kraftsportverletzungen von Ritsch (unter anderem Verbandsarzt des „Deutschen Bodybuilder- und Fitnessverbands") bestätigen das große Verletzungsrisiko durch Kraftsport. In Ritschs Untersuchung wurde die Schulter mit 38% als die am häufigsten betroffene Körperregion eingestuft (vgl. Ritsch, 2009). Die Diskrepanz von 13,8% zwischen dieser Studie und den Untersuchungen von Ritsch lässt sich möglicherweise durch die Intensität des Trainings erklären. Die Vermutung liegt nahe, dass Ritsch in seinen Untersuchungen vornehmlich Bodybuilder untersucht hat, deren Trainingsinhalte vor allem auf das Krafttraining ausgelegt sind. In dieser Studie würden sie demnach eher zu der Gruppe der Kraftsportler zählen, bei denen der Anteil an Schulterverletzungen höher (26,2%) als bei den moderaten Fitnesssportlern (21,8%) ist. Die Kraftsportler in dieser Studie trainieren den Oberkörper im Schnitt 17,4% mehr als die Fitnesssportler. Es ist also sehr wahrscheinlich, dass es einen Zusammenhang zwischen dem Anteil des Oberkörpertrainings und dem prozentualen Anteil der Schultererkrankungen gibt. Schaut man auf die Probanden deren Training aus mindestens 75% Oberkörpertraining besteht, erkennt man, dass die Schulterbeschwerden mit 38,5% Verletzungsanteil ähnlich hoch sind wie bei Ritsch (38%) (vgl. Ritsch, 2009). Der Oberkörper erfährt eine deutliche Mehrbelastung gegenüber dem Unterkörper und dem Rumpf (vgl. Ritsch, 2009).

Die meisten physischen Erkrankungen der Schulter sind Überlastungsschäden, akute Verletzungen sind hier eher selten (vgl. Witt & Ritsch, 2011). Ein Blick in die Ursachenforschung dieser Studie bestätigt das, denn 70% der Probanden mit Schulterschmerzen, die die Ursachen im Fitnessstudio sehen, vermuten eine Überlastung der Schulter als Grund ihrer Schmerzen. Besonders Schädigungen des Acromioclaviculargelenks und Veränderungen im subakromialen Raum sind die Folge einer Überlastung (vgl. Schweppe, 2007). Ritsch nennt das Impingementsyndrom (Einklemmung von Weichteilen im subakromialen Raum) mit 8,2% aller diagnostizierten Verletzungen als das häufigste Krankheitsbild der Schulter. Verletzungen und Degenerationen des Acromioclaviculargelenks machen 5,8% aus (vgl. Ritsch, 2009).

In der Studie von Geisler, in der ebenfalls Verletzungen und Überlastungsschäden beim Fitnesstraining untersucht wurden, stellten die Verletzungen der Schulter (11,4%) ebenfalls die am häufigsten betroffene Region dar (vgl. Geisler, 2003). Der im Vergleich deutlich niedrigere Wert lässt auf ein Training schließen, welches den Fokus nicht auf ein Oberkörpertraining legt.

In dem Kapitel Sportverletzungen und Sportschäden wurde das Knie als das von Sportverletzungen am häufigsten betroffene Gelenk genannt. 30% aller registrierten Sportverletzungen betreffen das Kniegelenk und machen damit fast ein Drittel der Gesamtverletzungen aus (vgl. Krüger-Franke, 2009). Nach dieser Studie betreffen 22,2% aller Beschwerdebilder das Knie, laut Ritsch sind es 16% (vgl. Ritsch, 2009) und laut Geisler 11,2% (vgl. Geisler, 2003). Auch wenn die Anteile geringer sind, so stellt das Knie bei Ritsch das am dritthäufigsten betroffene Gelenk und bei Geisler ebenfalls das am zweithäufigsten betroffene Gelenk dar. Daraus lässt sich erkennen, dass Fitnesssport im Vergleich zu anderen Sportarten zwar ein geringeres Risiko einer Knieverletzung birgt, das Knie jedoch insgesamt noch relativ häufig betroffen ist. Eine Beanspruchung der Knie oberhalb der Belastungsgrenze sind vor allem in Sportarten mit Lauf und Springimpulsen (High-impact-Sportarten), wie z.B. Laufen, Ballsportarten und Rückschlagspielen zu erwarten. Bei diesen Sportarten wirken zeitweilig enorme Kräfte auf die Gelenkstrukturen, die gerade während der Landephase des Laufschritts zu erheblichen Belastungen führen (vgl. Graf & Höher, 2009). Das Kniegelenk muss zu diesem Zeitpunkt das etwa 3-4fache des Körpergewichts abfedern, der Anpressdruck der Kniescheibe kann sich in dieser Phase um ein Vielfaches verstärken. Das Knie ist das am meisten belastete Gelenk beim Laufen und dadurch steigt die Wahrscheinlichkeit einer Verletzung oder Überlastungserscheinung. Fehlerhafte Technik und falsches Schuhwerk können diese Wirkung noch verstärken (vgl. Petračić, 2009). Bei einem Blick auf die vermuteten Ursachen der Studienteilnehmer erkennt man, dass die Beschwerden in der Tat nicht nur auf das Fitnessstudio zurückzuführen sind. 45,5% der Probanden mit

Knieschmerzen sehen die Auslöser der Schmerzen bei anderen Sportarten, vor allem dem Laufen (59,1% der Probanden mit Kniebeschwerden laufen). Jeweils 27,3% gaben an, neben dem Fitnessstudio Fußball zu spielen und/oder Rückschlagspiele zu betreiben. 72,7% der Probanden mit Knieschmerzen üben eine oder mehrere dieser Sportarten aus. Damit liegt die Vermutung nahe, dass diese Sportarten zumindest anteilig zu den Beschwerdebildern der Gruppe beitragen. Die Unterschiede der Zahlen in Bezug auf Knieverletzungen zwischen den Untersuchungen von Ritsch, Geisler und dieser Studie stehen vermutlich im unmittelbaren Zusammenhang mit der zusätzlichen sportlichen Belastung. Es ist auch unklar, inwiefern Ritsch und Geisler ihre Ergebnisse in Abhängigkeit zur Ursachenforschung ermittelt haben.

Doch auch das Krafttraining birgt Risiken für das Kniegelenk, da ein Krafttraining bei einem nicht ausgeglichenen Training der Agonisten und Antagonisten eine unphysiologische Mehrbelastung der Gelenkstrukturen auslösen kann. In häufigen Fällen neigt die kniegelenksstreckende Muskulatur zu Verkürzungen und die beugende Muskulatur zur Abschwächung, was zunehmend zu einer degenerativen Erkrankung des retropatellaren Knorpels führen kann (vgl. Jungmichel, 1989; Börnert & Dippold, 1991). Wenn das Training dieses Ungleichgewicht noch verstärkt, kommt es zu einem erhöhten Verschleiß der Gelenke und das Training bekommt einen schädigenden Charakter. In den Untersuchungen von Ritsch ist die Chondropathia patellea (Erkrankung der Rückseite der Kniescheibe) mit 10,1% die zweithäufigste Diagnose aller Verletzungen (vgl. Ritsch, 2009). Daraus lässt sich schließen, dass die unteren Extremitäten häufig in einem Ungleichgewicht trainiert werden.

Bei Personen mit einer unphysiologischen Stellung der Beinachsen ist die Gefahr einer ungünstigen Belastungssituation erhöht. Bei Varus- (O-Bein) und der Valgusstellungen (X-Bein) kommt es zu einer einseitigen Mehrbelastung und damit zu einer vermehrten lokalen Abnutzung des Gelenkknorpels. Die Folgen sind Kniearthrosen und aufgrund einer erhöhten Druckbelastung kann es zu einer Schädigung der Menisken kommen. Neben Laufsportarten kann auch Training mit hohen Gewichten (z.B. Beinstämme, Kniebeuge) in diesem Fall zu langfristigen Degenerationserscheinungen des Knies führen (Grifka 2009).

Schmerzen im Bereich der Wirbelsäule machen 10,1% der Gesamtbeschwerdebilder dieser Studie aus. Eine Statistik von Veihelmann besagt, dass Verletzungen der Wirbelsäule im Sport relativ selten sind. Nur ca. 4,7% aller Sportverletzungen mit der Notwendigkeit einer ärztlichen Behandlung sind Verletzungen der Wirbelsäule (vgl. Veihelmann, 2011). Ein Blick auf die Ergebnisse dieser Studie lässt erkennen, dass die Zahl der ärztlich behandelten Beschwerden der Wirbelsäule aufgrund von Schmerzen mit 15,8% deutlich höher ist. Das Training im Fitnessstudio ist häufig auf eine positive Beeinflussung der Wirbelsäule und der darum liegenden Muskulatur ausgelegt und verspricht einen „gesünderen Rücken". Es scheint jedoch eine Reihe von Belastungsformen im Fitnessstudio zu geben, die den gegenteiligen Effekt haben. Verschiedene Studien haben gezeigt, dass eine indirekte Korrelation zwischen Beschwerdebildern der Wirbelsäule und der wirbelsäulensichernden Muskulatur besteht (vgl. Denner, 1993). Einerseits kann demnach ein gezieltes Training die Wirbelsäule stabilisieren, auf der anderen Seite jedoch bei einseitigem Training die natürliche Physiologie der Wirbelsäule verändern. Das Krafttraining birgt Übungen mit erhöhtem Risiko, besonders für die Lendenwirbelsäule.

Gerade das Heben von hohen Gewichten kann die Lendenwirbelsäule stark belasten. Häufige Folgen sind lumbale Blockierungen, Spondylolysen und in seltenen Fällen Bandscheibenvorfälle (vgl. Geisler, 2003). Bei Ritsch ist die Wirbelsäule mit 16% aller Verletzungen ebenfalls deutlich häufiger betroffen als durchschnittlich in allen Sportarten (vgl. Ritsch, 2009). Er nennt als häufigste Wirbelsäulenerkrankung das LWS-Syndrom, welches eine relativ ungenaue Bezeichnung für Erkrankungen der Lendenwirbelsäule ist. Das LWS-Syndrom ist laut Ritsch mit 7,2% die fünft häufigste Erkrankung im Kraftsport und macht damit nahezu die Hälfte aller Wirbelsäulenerkrankungen aus (vgl. Ritsch, 2009). Geisler unterscheidet in seiner Untersuchung die verschiedenen Abschnitte des Rückens, der Bereich der LWS macht 11% der Beschwerdebilder aus (vgl. Geisler, 2003).

Diese Studie zeigt jedoch auch, dass bei der Hälfte aller Wirbelsäulenbeschwerden eine Vorerkrankung die vermutete Ursache ist. In diesem Fall wäre die entscheidende Frage, ob die Schmerzen und der Zustand der Wirbelsäule sich seit dem Eintritt in das Fitnessstudio verschlimmert oder verbessert haben. Möglicherweise war bei den Probanden, bei denen eine Schwäche der Wirbelsäule vorliegt, genau dies der Grund, Fitnesstraining zu betreiben. Aus den Untersuchungen von Ritsch wird nicht deutlich, ob dem großen Anteil an Wirbelsäulenbeschwerden nicht eine Vorerkrankung vorausgeht.

80% der Probanden mit Wirbelsäulenbeschwerden haben ebenfalls das Laufen als weitere sportliche Belastung gemein. Schmerzen im Übergang der Lendenwirbelsäule zum Kreuzbein tauchen auch häufig im Zusammenhang mit dem Laufsport auf (vgl. Petračić, 2007). Letztendlich lässt sich aus den vorliegenden Daten nicht genau nachvollziehen, in welchem Zusammenhang die Beschwerden mit dem

Fitnessstudio stehen. Es scheint jedoch gegenüber anderen Sportarten ein erhöhtes Risiko zu bestehen.

Besonders interessant sind die Ergebnisse bezüglich des Ellenbogens. Ritschs Untersuchung zeigt, dass der Ellenbogen mit 18% die am zweithäufigsten verletzte Region ist, was nicht den Werten dieser Studie entspricht, in der Beschwerden des Ellenbogens nur 3% ausmachen (vgl. Ritsch, 2009). Geisler wiederum bestätigt einen geringen Anteil der Ellenbogenverletzungen mit 3,9% (vgl. Geisler, 2003). Bei einem Blick auf die Gelenkstruktur erkennt man den vergleichsweise simplen Aufbau des Scharniergelenks mit der hauptsächlichen Aufgabe des Beugens und Streckens des Unterarms gegenüber dem Oberarm. Eine Bewegungsausführung mit fehlerhafter Technik ist in diesem Fall deshalb unwahrscheinlicher als in Gelenken mit deutlich größeren Bewegungsmöglichkeiten, wie zum Beispiel der Schulter. Die Ursachen einer Ellenbogenverletzung könnten demnach eher Überlastungen der betroffenen Strukturen und weniger Fehlbelastungen sein. Die häufigsten Verletzungen des Ellenbogens im Bodybuilding sind laut Ritsch Insertionstendopathien (Reizungen an den Übergängen zwischen Sehnen und Knochen). Besonders häufig ist der Ursprung der radialen Extensoren am lateralen Epicondylus betroffen. Der Tennisarm (Epicondylitis humeri radialis) macht dabei 7% der Verletzungen im Kraftsport aus. Im Bodybuilding wird vermutlich viel deutlicher an der maximalen Belastungsgrenze trainiert als im Breitensport, sodass vor allem eine Überlastung der Sehnen-Knochen-Verbindung zu Beschwerden führt. Dies könnte darauf hinweisen, dass die Ursachen häufiger Ellenbogenbeschwerden direkt mit den hohen Belastungen des Kraftsports zusammenhängen, die vor allen Dingen im Bodybuilding vorkommen, wodurch sich der hohe Wert in Ritschs Studie erklären ließe.

Handgelenke sind ebenfalls mit 10,1% am gesamten Beschwerdebild beteiligt. Die Ursachen hierfür liegen vermutlich in einer Überbelastung oder einer fehlerhaften Technik bei diversen Kraftübungen. 50% der betroffenen Probanden gaben eine Fehlbelastung als Ursache ihrer Beschwerden an, es wird jedoch nicht deutlich, welche Übungen dafür verantwortlich sind. Besonders Übungen, bei denen große Gewicht mit den Armen gestemmt werden müssen, scheinen als Auslöser in Frage zu kommen. Bei vielen Übungen wird das Handgelenk „abgeklappt" um die Gewichtsstange sicherer in der Hand halten zu können. Diese Haltung wird vor allem häufig beim Bankdrücken praktiziert, damit sowohl der Daumen als auch die Finger die Stange umschließen können. In diesem Fall drückt das ganze Gewicht auf den Handballen, der im 90°Grad-Winkel zum Unterarm liegt. Die Muskulatur des Handgelenks ist in dieser Position nicht in der Lage, das Gewicht zu kontrollieren, so dass die passiven Strukturen des Handgelenks das Gewicht zu einem großen Teil mittragen müssen. Die Folge sind vor allem Entzündungen und Reizzustände des Sehnengleitgewebes (Tendovaginitiden) und Verstauchungen (Distorsionen) (vgl. Beuker et al., 1966). Das Ablegen der Stange auf dem Handballen, direkt über dem Unterarm, würde eine derartige Hebelwirkung verhindern, die Gefahr des Abrutschens der Stange jedoch deutlich erhöhen. In Ritschs Untersuchung ist der Anteil an Handgelenkbeschwerden mit 3% deutlich geringer (vgl. Ritsch, 2003). Es liegt die Vermutung nahe, dass die untersuchten Bodybuilder und Kraftsportler in einem höheren Maße auf eine korrekte Technik achten und deshalb weniger Beschwerden im

Bereich Handgelenk aufweisen. Bei Geisler machen Handgelenkbeschwerden 5,4% aus (vgl. Geisler, 2003).
Andere sportliche Belastung wurde nur in 10% der Fälle als mögliche Ursache angegeben und scheint demnach keinen großen Einfluss auf die Beschwerden zu nehmen.

Beschwerden im Bereich Hüfte (7,1%) und Füße (8,1%) scheinen nur in geringfügigem Maße Teil des Fitnesstrainings zu sein. Auch bei Ritsch und Geisler sind die Hüfte bzw. Becken/Gesäß (Ritsch: 5%, Geisler: 2,3%) und die Füße (Ritsch 1%, Geisler 4,2%) zu einem geringeren Anteil vertreten als bisher genannte Regionen und Gelenke (vgl. Ritsch, 2009; Geisler, 2003). Hüftprobleme scheinen häufig aufgrund einer Vorerkrankung oder anderer sportlicher Belastungen zu entstehen. Risikosportarten scheinen in diesem Zusammenhang vor allem Sportarten zu sein, die eine hohe Beweglichkeit voraussetzen wie Turnen, Tanzen, Gymnastik und Kampfsportarten. Verletzungen der Füße sind in den meisten Fällen auf Sportunfälle zurückzuführen, allen voran der Außenbandriss am oberen Sprunggelenk. Aber auch Überlastungserscheinungen durchs Laufen sind sehr wahrscheinlich. Eine direkte Verbindung zwischen Fußbeschwerden und Krafttraining ist in dieser Studie nicht zu erkennen, wie die Ergebnisse von Ritsch auch bestätigen.
Die im Kapitel 4 geäußerte Vermutung, dass vor allem Kugel- und Nussgelenke einer erhöhten Verletzungsgefahr unterliegen, hat sich damit nur teilweise in Bezug auf das Fitnessstudio bestätigt. Beschwerden im Zusammenhang mit dem Hüftgelenk machen mit 7,1% nur einen geringen Teil der Beschwerdebilder aus, die Schulter hingegen mit 24,2% einen Großteil. Dies liegt jedoch nicht in der Art des Gelenks, sondern in der Form der Belastung. Die vollen

Bewegungsamplituden der Hüfte werden beim Training im Studio nur selten angesprochen.

Bei Betrachtung der Beschwerdebilder von Kraftsportlern und Fitnesssportlern fällt vor allem auf, dass Kraftsportler scheinbar keiner höheren Verletzungsgefahr unterliegen. Zumindest quantitativ sind die Kraftsportler insgesamt seltener verletzt als die Fitnesssportler, und auch im Hinblick auf die Häufigkeit einer medizinischen Behandlung durch einen Arzt scheinen Kraftsportler seltener betroffen zu sein. Eine ärztliche Behandlung könnte man in diesem Zusammenhang als Anhaltspunkt einer „schweren" Verletzung auffassen. Auch nach Prüfung der physischen Erkrankungen wie Reizungen der Gelenke, Überlastungserscheinungen der passiven Strukturen, Zerrungen der Muskulatur und sonstigen Verletzungen besteht bei Fitnesssportlern eine erhöhte Verletzungsgefahr. Die Hypothese, dass Kraftsportler häufiger und eventuell unter schwereren Verletzungen und Überlastungsschäden leiden kann demnach nicht bestätigt werden. Im Mittelpunkt der Beschwerden stehen bei den Kraftsportlern die Schulter (31,4%) und bei den Fitnesssportlern das Knie (37,5%). Gerade der hohe Wert der Knieverletzungen könnte ein charakteristisches Merkmal der Fitnesssportler sein, da sie auch im höheren Maße die unteren Extremitäten trainieren (31,6%). Der Ausdauersport ist bei ihnen ein wichtiger Bestandteil des Trainings, sowohl privat als auch im Studio (38%). Besonders der Laufsport, der von 62,5% der Fitnesssportler neben dem Studio betrieben wird, kann Knie und Füße, besonders bei fehlerhafter Technik oder falschem Schuhwerk, übermäßig belasten. Dies könnte die Hauptursache für die hohe Anzahl an Kniebeschwerden in dieser Gruppe sein. Die gegensätzliche Vermutung, dass Kraftsportler häufiger unter Beschwerden der oberen Extremität leiden, kann jedoch nicht bestätigt werden. Sowohl die obere als auch die untere Extremität weist bei Fitnesssportlern häufiger Verletzungssymptome auf. Eine Erklärung könnte sein, dass Fitnesssportler insgesamt einer höheren sportlichen Belastung ausgesetzt sind und dadurch häufiger unter Verletzungen und Überlastungsschäden leiden. Diese Annahme kann jedoch nur in geringem Maße bestätigt werden. Fitnesssportler betreiben durchschnittlich 2 und Kraftsportler 1,9 weitere Sportarten neben dem Fitnessstudio. Im Schnitt ist der Aufwand in der Hauptsportart bei den Fitnesssportlern einen halben Tag größer als bei den Kraftsportlern, die im Vergleich einen halben Tag häufiger ins Fitnessstudio gehen. Die Länge der Einheiten im Fitnessstudio bewegt sich bei beiden Gruppen zwischen 80 und 90 Minuten. Die Erholung von den sportlichen Belastungen spiegelt sich bei beiden Gruppen in zweieinhalb Ruhetagen wieder. Selbst nach dem Ausschluss der Ursachen Vorerkrankung und Hauptsportart scheint das Training der Kraftsportler weniger Verletzungen zu provozieren. Bei beiden Gruppen scheinen Überlastungen die meisten Beschwerden hervorzurufen. Möglicherweise beschäftigen sich Kraftsportler intensiver mit Techniken, Belastungsgrenzen und den Gefahren des Trainings, was zu einem risikoärmeren Training und somit zu weniger physischen Erkrankungen führt. Dies wird bekräftigt durch die relativ geringe Zahl der Probanden, die eine Fehlbelastung als Ursache sehen. Die Fehlbelastung steht mit 21,4% an vierter Stelle der Ursachenrangliste. Bei den Fitnesssportlern steht die Fehlbelastung mit 27,3% an zweiter Stelle, direkt nach der Überlastung.

Ein Blick auf das Aufwärmverhalten beider Gruppen zeigt, dass besonders die Kraftsportler ein spezifisches Aufwärmen vor den einzelnen Übungen betreiben. Nur 22,9% geben an, vor der jeweiligen Übung keine spezielle Vorbereitung auf die kommende Belastung durchzuführen. Bei den Fitnesssportlern scheint das spezifische Aufwärmprogramm einen geringeren Stellenwert zu haben, denn 42,5% der Gruppe geben an, gänzlich darauf zu verzichten. Wie bereits beschrieben, ist eine Übungsausführung ohne hohe Belastung, z.B. durch einen Satz mit geringem Gewicht, eine gute Gelenkvorbereitung, durch die das Gelenk mit Synovia versorgt wird und es dadurch zu einer Quellung des jeweiligen Gelenkknorpels kommt. Diese Form des Aufwärmprogramms könnte ein wichtiger Baustein der Verletzungsprophylaxe sein, vor allem bezüglich Verletzungen der Gelenke und der passiven Bewegungsstrukturen. Es könnte auch erklären warum Kraftsportler seltener unter Beschwerden leiden gegenüber Fitnesssportlern.

Das Erfassen der Trainingsmethodiken bewies sich als schweres Unterfangen. Die erhobenen Daten liefern nur unzureichende Informationen zu den Trainingsmethoden und schließen eine sinnvolle Auswertung nahezu aus. Die zentrale Problematik ist in diesem Fall, dass die Bezeichnungen für viele Probanden missverständlich waren und es dadurch zu einer lückenhaften Erhebung kam. Des Weiteren werden vor allem Trainingsmethoden wie Statisches Training und konzentrisch und exzentrisch isoliertes Krafttraining nur zu einem geringen Maße in das Training integriert. Schlüsse aus einem so geringen Anteil des Trainings auf Verletzungsrisiken und Wirkungen zu ziehen, scheint nicht sonderlich ratsam zu sein. Für ein genaueres Beleuchten bestimmter Trainingsmethoden ist demnach ein System erforderlich, dass den Umfang der Trainingsmethodik genauer erfasst. Eine Vergleichsstudie, in der erwähnte Trainingsmethoden zu jeweils 100% das Training bestimmen, könnten jedoch interessante Ergebnisse liefern.

Hinsichtlich der Trainingsintensitäten könnte man annehmen, dass vor allem ein intensives Maximalkrafttraining zu vermehrten Beschwerdeerscheinungen führen könnte. Hier liegt tatsächlich eine signifikante Verschiebung des Verletzungsrisikos vor. Die Sportler, bei denen Maximalkrafttraining mindestens 25% des Krafttrainings ausmacht, leiden im Schnitt häufiger unter Beschwerden, die mit hoher Wahrscheinlichkeit direkt mit dem Fitnessstudio zusammenhängen (0,86/Person). Bei den Studienteilnehmern mit einem geringeren Maximalkraftanteil kommt es deutlich seltener zu schmerzhaften Symptomen (0,6/Person). Dies lässt auf eine deutlich höhere Beanspruchung der beteiligten Strukturen bei einem Krafttraining mit hohen Intensitäten schließen.

Die Überlegung, dass vor allem bei geringer Trainingserfahrung und unzureichender Anpassung aller Körperstrukturen, wie es bei Trainingsanfängern der Fall ist, hochintensive Trainingsmethoden ebenfalls über kurz oder lang zu Verletzungen und Schäden führen, wurde bestätigt. Im Ergebnisteil wurde herausgestellt, dass Maximalkraftsportler unter 26 Jahren einen noch stärkeren Anstieg der Beschwerden verzeichnen. Dies könnte ein Indiz dafür sein, dass vor allem Sehnen und der passive Bewegungsapparat eine längere Adaptionszeit benötigen, um sich an die hohen Belastungen zu gewöhnen. Schaut man auf Maximalkraftsportler die höchstens 3 Jahre Trainingserfahrung aufweisen, wird dies bestätigt. Bei geringer Trainingserfahrung und intensiven Krafttraining kommt es, abzüglich der Ursachen außerhalb des Studios, ebenfalls zu einem erhöhten Beschwerdewert (0,87/Person). Sowohl im jungen Alter als auch bei geringer Trainingserfahrung führt ein intensives Maximalkrafttraining scheinbar zu einer deutlich erhöhten Verletzungswahrscheinlichkeit. Ein Training im negativen Bereich (Intensitäten über 100%) könnte dementsprechend eine noch größere Überbeanspruchung für den menschlichen Bewegungsapparat darstellen und wäre folglich aus trainingspraktischer Sicht nur erfahrenen Kraftsportlern zu empfehlen.

Die Annahme, dass Schnellkrafttraining eventuell das Risiko einer Verletzung der Muskulatur erhöht, konnte nicht bestätigt werden. Die Gefahr ist gegenüber dem Mittelwert (14,3%) nur um ein halbes Prozent erhöht (14,8%).

Für weitere Untersuchungen könnte man über eine leicht veränderte Einteilung von Kraft- und Fitnesssportlern nachdenken, bei denen die Anteile innerhalb des Krafttrainings mit einfließen.

Im Vorangegangen wurde über die Quantität der Beschwerden diskutiert. Ein weiterer Ansatz wäre, die Qualität bzw. den Schweregrad der Verletzungen zu erörtern.

Um den Schweregrad einer Verletzung einzuschätzen, bedarf es einiger Kriterien, die das Ausmaß einer Verletzung erfassen können. Banzer und Bürklein schlagen folgende Kernkriterien vor, um den Schweregrad zu bestimmen: Art der Sportverletzung, Dauer und Form der Therapie, Erforderliche Sportpause, Dauer der Arbeitsunfähigkeit, Ausmaß bleibender Schäden, Finanzielle Gesamtkosten (vgl. Banzer & Bürklein, 2007). Diese Studie ergab, dass 38,4% der Beschwerdebilder ärztlich behandelt wurden. Das bedeutet, dass etwa die Hälfte der Probanden in den letzten 15 Monaten aufgrund einer Sportverletzung einen Arzt konsultierten. Der Anteil an ärztlich behandelten Beschwerdebildern bei den Fitnesssportlern liegt mit 41,8% etwas höher als bei den Kraftsportlern mit 35,7%. Die Dauer der Sportpausen war dabei sehr unterschiedlich und variierten in beiden Gruppen zwischen 0 Tagen bis zu Pausen von über 2 Monaten. Die anderen Kriterien lassen sich aus den gesammelten Daten nicht erfassen. In weiteren Untersuchungen könnte verstärkt auf den Schweregrad der Verletzungen eingegangen werden, um noch genauer herauszustellen, welchen Stellenwert Verletzungen und Überlastungsschäden im Studio haben.

Abschließend muss man konstatieren, dass die Abhängigkeit von Fitnesstraining und Beschwerdebildern nicht mit großer Sicherheit zu bestimmen ist. Es lässt sich nicht eindeutig sagen, ob eine Verletzung oder ein Schaden ihren oder seinen Ursprung vollständig oder zu einem Teil im Fitnesssport hat. Letztendlich ist es allerdings immer schwer, die Ursache eines Sportschadens vollständig zu ermitteln, da dieser über einen längeren Zeitraum entsteht. Gerade in einer retrospektiven Untersuchung ist es nicht möglich, alle Risikofaktoren so weit zu erschließen, dass eine klare Aussage getroffen werden kann. Die hier gesammelten Ergebnisse geben allerdings klare Tendenzen, inwieweit und zu welchen Anteilen Verletzungen und Überlastungsschäden im Fitnessstudio entstehen können.

8. Schluss

Die Arbeit hat gezeigt, dass auch das Training im Fitnessstudio zu Verletzungen und Überlastungsschäden führen kann. Die häufigsten physischen Erkrankungen sind Reizungen, Entzündungen und Verschleiß der verschiedenen Gelenke (29%) und Überlastungen der passiven Strukturen wie Bänder, Sehnen und Knorpel (30,3%). Eine Verletzung der Muskulatur (13,2%) ist die dritthäufigste Erkrankungsform im Fitnessstudio.
31,6% der Studienprobanden klagten in den letzten 15 Monaten über Schulterschmerzen, 29% über Knieschmerzen, jeweils 13,2% über

Handgelenks- und Wirbelsäulenschmerzen, 10,5% über Fußschmerzen, 9,2% über Hüftschmerzen und 4% über Ellenbogenschmerzen. Bei 38,4% der Schmerzlokalisationen kam es zu einer ärztlichen Behandlung und bei 8,1% zu einer Operation. Bei 53,5% aller Schmerzen ist eine direkte Verbindung zwischen Beschwerdebild und Fitnessstudio wahrscheinlich. Vermutlich ist die Überlastung die häufigste Ursache für die Entstehung von Verletzungen bzw. Überlastungsschäden im Fitnessstudio.

Hingegen aller Erwartung scheint ein Training mit einem Krafttrainingsanteil von mehr als sechzig Prozent die Verletzungsgefahr nicht zu erhöhen, sogar eher zu verringern. Ein ausgeprägtes Training der Maximalkraft dagegen erhöht die Anfälligkeit für Beschwerden.

Auch ein Aufwärmprogramm scheint sich nicht zwangsläufig auf die Verletzungshäufigkeit auszuwirken. Ein Satz mit geringem Gewicht vor jeder Übung kann jedoch Beschwerden vorbeugen und scheint damit der wichtigste Bestandteil einer übungsspezifischen Erwärmung zu sein.

Abschließend lässt sich sagen, dass das Themengebiet „Verletzungen und Überlastungsschäden im Fitnessstudio" durchaus seine Rechtfertigung hat. Wie bei allen sportlichen Belastungen führt auch das Training im Studio zu physischen Erkrankungen. In wie weit das Studio allein verantwortlich ist, oder die Mitschuld an den gesammelten Beschwerdebildern trägt, lässt sich in diesem Zusammenhang nicht gänzlich auflösen. Es ist immer die Summe der Belastungen, die auf ein Individuum wirkt und im Endeffekt zu einem Überlastungsschaden führt. Das Thema bietet durchaus die Möglichkeit weiterer Untersuchungen, in denen z.B. näher auf die Beschwerden eingegangen werden könnte. Eine prospektive Studie würde noch zuverlässigere Daten liefern und Gelegenheit bieten, zusammen mit den behandelnden Ärzten die physischen Erkrankungen in aller Genauigkeit auszuwerten. Im bestmöglichen Fall könnte man eine Gruppe begleiten, deren sportliche

Belastung nur auf das Fitnessstudio beschränkt ist, und damit eine erhöhte Aussagekraft der Ergebnisse erreichen. Die Analyse einzelner Übungen bzw. Übungskomplexe und das Training von Muskelgruppen im Hinblick auf die Wahrscheinlichkeiten einer Verletzung ist ein weiterer Schritt, um die Gefahrenherde des Fitnesstrainings auszumachen.

Trotz der zweifelsohne nicht geringen Belastung des Fitnesstrainings wäre es fatal, dieses als ungesund zu bezeichnen, zu groß sind die ebenfalls angesprochenen Vorteile, die ein Training im Studio mit sich bringt. Doch wer glaubt, durch eine Mitgliedschaft im Fitnessstudio Immunität gegenüber physischen Erkrankungen zu erlangen hat, die Darwinsche Fitness-Brille auf.

9. Literaturverzeichnis

Badura, B. (2000): Gesundheitsförderung und Prävention. Schritte in eine gesunde Gesellschaft. In: *Public Health Forum* (28), S. 5–7.

Banzer, W.; Bürklein, M. (2007): Welche Verletzungen treten im Sport auf? In: V. Scheid und R. Prohl (Hg.): Sportbiologie. Kursbuch Sport. 6. Aufl. Wiebelsheim: Limpert-Verlag. S. 1.

Baur, J.; Bös, K.; Singer, R. (1994): Motorische Entwicklung. Ein Handbuch. Schorndorf: Hofmann. S. 106.

Beuker, F.; Schneider, K.; Weiss, H. (1966): Gesundheitssport für ältere Menschen (Veteranensport). Eine Anleitung für den Aufbau und die Führung von Gesundheitssportgruppen älterer Menschen. Berlin: Deutscher Turn- u. Sportbund, Abt. Volkssport. S. 133.

Boeckh-Behrens, W.-U.; Beier, P.; Buskies, W. (2000): Fitness-Krafttraining. Die besten Übungen und Methoden für Sport und Gesundheit. 3. Aufl. Reinbek bei Hamburg: Rowohlt-Taschenbuch-Verlag. S. 21-37.

Boeckh-Behrens, W.-U.; Buskies, W. (2002): Gesundheitsorientiertes Fitnesstraining. [Fitnessgrundlagen, Krafttraining, Ausdauertraining, Beweglichkeitstraining, Alterssport, Knietraining, Rückentraining, Ernährung, Entspannung]. 1. Aufl. Lüneburg: Wehdemeier & Pusch. S. 11-17, S. 99.

Böhmer, Dieter (1986): Sportverletzungen - Sportschäden. Stuttgart: Thieme. S. 1.

Börnert, K.; Dippold, A. (1991): Trainingseffekte am neuromuskulären System "Kniegelenk". In: *Deutsche Zeitschrift für Sportmedizin* 42 (3), S. 96–102.

Bös, K. (1997): Sport und Gesundheit. Kongressband ; [Berichtsband vom Kongress in Kaiserslautern, 14. bis 16. November 1996]. Mainz: Sport- und Medien-Verlag. S. 34.

Brehm, W.; Gradel, C. (2006): Gesund durch Gesundheitssport. Zielgruppenorientierte Konzeption, Durchführung und Evaluation von Gesundheitsprogrammen. Weinheim: Juventa-Verlag. S. 21-23.

Bührle, M. (1985): Dimensionen des Kraftverhaltens und ihre spezifischen Trainingsmethoden. In: M. Bührle (Hg.): Grundlagen des Maximal- und Schnellkrafttrainings. 1. Aufl. Schorndorf: Hofmann. S. 82–111.

Clasing, D.; Bär, H.-W; Siegfried, I. (1990): Sportärztliche Untersuchung und Beratung. 2. Aufl. Erlangen: Perimed. S. 14-17.

Cordain, L. et al. (1998): Physical activity, energy expenditure and fitness: an evolutionary perspective. In: *International Journal of Sports Medicine* (19), S. 328–335.

Darwin, Ch.; Bronn, H. (1860): Über die Entstehung der Arten im Thier- und Pflanzen-Reich durch natürliche Züchtung oder Erhaltung der vervollkommneten Rassen im Kampfe um's Daseyn. Stuttgart: Schweizerbart.

David, E.; Keidel, W. (1986): Grundlagen der Sportphysiologie. Erlagen: Fachbuch- Verlagsgesellschaft mbH. S. 17.

Davids, M. (2004): Körper und Status. Eine Betrachtung von Attraktivität im aktuellen soziokulturellen Kontext. 1. Aufl. München: GRIN Verlag. S. 47.

Deloitte GmbH (2012): Fitnesswirtschaft wird bunter. Deloitte/DSSV-Studie „Der Deutsche Fitnessmarkt 2012": Fitnessangebote vielseitiger als je zuvor. München. Online verfügbar unter http://www.deloitte.com/view/de_DE/de/presse/pressemitteilunge n/ cafd5f0b4f256310VgnVCM1000001956f00aRCRD.htm, zuletzt geprüft am 27.03.2012.

Denner, A. (1993): Trainingskonzept zur Optimierung und Harmonisierung des Funktionszustandes der Wirbelsäule. In: *FPZ KOMPAKT* (1), S. 17–31.

Deutsche Klinik für Prävention KG: Sportmedizin. Online verfügbar unter http://www.deutscheklinik.de/therapie/sportmedizin.html, zuletzt geprüft am 19.05.2012.

Dickhuth, H.-H. (2005): Sportmedizin in Deutschland. In: *Bundesgesundheitsblatt - Gesundheitsforschung - Gesundheitsschutz* 48 (8), S. 848–853.

Dickhuth H.-H. et al. (2007): Sportmedizin für Ärzte. Lehrbuch auf der Grundlage des Weiterbildungssystems der Deutschen Gesellschaft für Sportmedizin und Prävention (DGSP). Köln: Dt. Ärzte-Verlag. S. 7-12.

Dilger, E. (2008): Die Fitnessbewegung in Deutschland. Wurzeln, Einflüsse und Entwicklungen. Schorndorf: Hofmann. S. 23-46.

DSSV (2004-2012): Eckdaten- Statistik der deutschen Fitness-Wirtschaft. Online verfügbar unter www.dssv.de, zuletzt geprüft am 19.04.2011.

Ehlenz, H.; Grosser, M.; Zimmermann, E. (1995): Krafttraining. Grundlagen, Methoden, Übungen, Leistungssteuerung, Trainingsprogramme. 5. Aufl. München: BLV. S. 109- 115.

Eichberg, S. (2003): Sportaktivität, Fitness und Gesundheit im Lebenslauf. Grundlagen für Prävention und Gesundheitsförderung aus Sicht der Sportwissenschaft. Zugl.: Heidelberg, Univ., Diss., 2002. Hamburg: Kovac. S. 29.

Eisele, R. et al. (1995): Auswirkungen eines niedrig dosierten Krafttrainings (25% der Maximalkraft) auf die muskuläre und kardiozirkulatorische Leistungsfähigkeit. In: Wilfried Kindermann (Hg.): Bewegung und Sport - eine Herausfoderung für die Medizin. Abstracts. Wehr: Ciba-Geigy-Verlag.S. 45.

Eriksson, B. et al. (1989): Sport, Krankheit und Medikament. Ein Handbuch für Ärzte, Übungsleiter und Sportlehrer. 2. Aufl. Köln: Dt. Ärzte-Verlag. S. 18-21.

Frigg, A. et al. (2009): Unterschenkel, Sprunggelenk und Fuß. In: M. Engelhardt (Hg.): Sportverletzungen. Diagnose, Management und Begleitmaßnahmen ; [offizielles Manual der GOTS]. 2. Aufl. München: Elsevier, Urban & Fischer. S. 303–308.

Geisler, Stephan (2003): Risikoaspekte beim Fitnesstraining. Online verfügbar unter http://www.sportwissenschaft.net/downloads/artikel-handouts/, zuletzt geprüft am 27.05.2012.

Graf, C.; Höher, J. (2009): Fachlexikon Sportmedizin. Bewegung, Fitness und Ernährung von A - Z. Köln: Dt. Ärzte-Verlag. S. 28-30.

Graff, K. (2009): Stressreaktionen des Knochens. In: M. Engelhardt (Hg.): Sportverletzungen. Diagnose, Management und Begleitmassnahmen ; [offizielles Manual der GOTS]. 2. Aufl. München: Elsevier, Urban & Fischer. S. 345.

Grifka, J.; Dullien, S. (2008): Knie und Sport. Empfehlungen von Sportarten aus orthopädischer und sportwissenschaftlicher Sicht. Köln: Deutscher Ärzte-Verlag. S. 41-42.

Grosser, M.; Starischka, S.; Zimmermann, E. (1981): Konditionstraining. Theorie und Praxis aller Sportarten. München: BLV. S. 132.

---. (2001): Das neue Konditionstraining. Für alle Sportarten, für Kinder, Jugendliche und Aktive. 8. Aufl. München: BLV. S. 7.

Hess H. (1993): Sportverletzung - Sportschaden. In: Carl Joachim Wirth (Hg.): Überlastungsschäden im Sport. 32. Fortbildungstagung des Berufsverbandes der Ärzte für Orthopädie, Hannover 1991. Stuttgart: Thieme Verlag. S. 33–40.

Jungmichel, D. (1989): Die Condropathia patellae. Ergebnisse negativer Behandlung. In: *Medizin und Sport* 29 (8), S. 231–233.

Jütting, D. (2002): Sportvereine und Sportverbände. In: Jürgen Dieckert, Christian Wopp und Gerd Ahlert (Hg.): Handbuch Freizeitsport. Schorndorf: Hofmann. S. 125.

Kamberović, R. (1996): Fitness-Trends. Ratgeber für Studiobetreiber. Hamburg: SSV Verlag. S. 12.

Kayser D. (1992): Fitneß. In: P. Röthig et al. (Hg.): Sportwissenschaftliches Lexikon. 6. Aufl. Schorndorf: Hofmann.

KKH Kaufmännische Krankenkasse (Hg.) (2008): Beweglich? Muskel- Skelett- Erkrankungen--Ursachen, Risikofaktoren und präventive Ansätze : Weissbuch Prävention 2007/2008. Heidelberg: Springer Medizin Verlag. S. 143-149.

Konrad, K. (2007): Mündliche und schriftliche Befragung. Ein Lehrbuch. 5. Aufl. Landau: Empirische Pädagogik e.V.. S. 48-50.

Krüger-Franke, M. (2009): Das Kniegelenk. In: M. Engelhardt (Hg.): Sportverletzungen. Diagnose, Management und Begleitmassnahmen ; [offizielles Manual der GOTS]. 2. Aufl. München: Elsevier, Urban & Fischer, S. 285–301.

Kuhn, W. (1979): Funktionelle Anatomie des menschlichen Bewegungsapparates. Ein kurzgefasstes Lehrbuch für Sportpädagogen. Schorndorf: Hofmann. S. 55.

Letzelter, H.; Letzelter, M. (1986): Krafttraining. Theorie, Methoden, Praxis. Reinbek bei Hamburg: Rowohlt. S. 305.

Löffler, L. (2005): Leiste. In: M. Engelhart et al. (Hg.): Sportverletzungen - Sportschäden. Stuttgart: Thieme, S. 58–65.

Maassen, A. (2011): Checkliste - Parietale Osteopathie. Stuttgart: Karl F. Haug Verlag. S. 240.

Maehl, O. (1986): Beweglichkeitstraining. Ahrensburg bei Hamburg: Czwalina. S. 13.

Martin, D.; Lehnertz, K.; Carl, K. (2001): Handbuch Trainingslehre. 3. Aufl. Schorndorf: Hofmann, S. 16-18, S. 89-103, S. 125-132, S. 214-218.

Medler, M.; Mielke, W. (1998): Fitness im Schulsport und im Breitensport. 6. Aufl. Flensburg: Sportbuch-Verlag. S. 14.

Petračić, B. (2007): Optimiertes Laufen. Medizinische Tipps zur biologischen Leistungsverbesserung. 4. Aufl. Aachen: Meyer & Meyer. S. 19.

Ritsch, M. (2009): Bodybuilding. In: M. Engelhardt (Hg.): Sportverletzungen. Diagnose, Management und Begleitmassnahmen ; [offizielles Manual der GOTS]. 2. Aufl. München: Elsevier, Urban & Fischer. S. 429–432.

Röthig, P.; Prohl, R. (2003): Sportwissenschaftliches Lexikon. 7. Aufl. Schorndorf: Hofmann. S. 137.

Schnabel, G. (1993): Lexikon Sportwissenschaft. Leistung, Training, Wettkampf. Berlin: Sportverlag. S. 299.

Schnabel, G.; Thiess, G. (1986): Grundbegriffe des Trainings. Berlin: Sportverlag. S. 83.

Schneider, S. et al. (2006): Sports injuries: population based representative data on incidence, diagnosis, sequelae, and high risk groups. *British Journal of Sports Medicine* 40: S. 334-339.

Schweppe, V. (2007): Die Bedeutung des Krafttrainings bei der Therapie des Impingementssyndroms. 1. Aufl. München: GRIN Verlag. S. 20-22.

Selchow, C. (2004): Grundlagen der allgemeinen Trainingslehre und Umsetzung der Trainingslehre nach der ILB-Methode an einem Praxisbeispiel. 1. Aufl. München: GRIN Verlag. S. 9.

Serre, C. (1977): Le Sport. 1. Aufl. Grenoble: Glénat

Slomka, G. (2011): Das neue Aerobic-Training. 5. Aufl. Aachen: Meyer & Meyer. S. 145.

Smigielski, R. (2005): Muskulatur und Sehnen. In: M. Engelhart et al. (Hg.): Sportverletzungen - Sportschäden. Stuttgart: Thieme. S. 82–92.

Snyder, S.J. et al. (1990; 6): Slap lesions of the shoulder. *Arthroskopy* 6 (4): S. 274-279.

Thienes, G. (2008): Trainingswissenschaft und Sportunterricht. 1. Aufl. Berlin: Pro Business. S. 147-149.

Veihelmann, A. (2011): Rückenschmerz. Sportverletzungen und Sportschäden der Wirbelsäule. In: *Medical Sports Network* (6), S. 30–34.

Waffenschmidt, S. (2011): Sport und Gesundheit im Spannungsfeld von Sportwissenschaft, Public Health und gesundheitspolitischen Anforderungen. Eine bibliometrische Analyse. 1. Aufl. Köln: Sportverlag Strauß. S. 3-29.

Waldeyer, A. (1942): Anatomie des Menschen. Berlin: de Gruyter. S. 52.

Walter, U. &. Schwartz F.W. (2003): Prävention. In: F. W. Schwartz, U. Walter und T. Abelin (Hg.): Das Public-Health-Buch. Gesundheit und Gesundheitswesen ; Gesundheit fördern - Krankheit verhindern. 2. Aufl. München: Urban & Fischer. S. 97–190.

Wedemeyer-Kolwe, B. (2004): "Der neue Mensch". Körperkultur im Kaiserreich und in der Weimarer Republik. Würzburg: Königshausen & Neumann. S. 292.

Wentz, S. (2005): Leichtathletik. In: M. Engelhart et al. (Hg.): Sportverletzungen - Sportschäden. Stuttgart: Thieme. S. 151–154.

WHO (2002): Folgen der Inaktivität. Online verfügbar unter http://www.who.int/en/, zuletzt aufgerufen am 30.03.2012.

Wirhed, R. (2001): Sportanatomie und Bewegungslehre. 3. Aufl. Stuttgart: Schattauer. S. 4- 25.

Witt, K.; Ritsch, M. (2011): Überlastungen. Schulterverletzungen im Kraftsport. In: *Medical Sports Network* (04), S. 16–19.

Wopp, C. (2006): Handbuch zur Trendforschung im Sport. Welchen Sport treiben wir morgen? Aachen: Meyer & Meyer. S. 13-27.

Wydra, G. (2006): Dehnfähigkeit. In: K. Bös & K. Abu-Omar (Hg.): Handbuch Gesundheitssport. 2. Aufl. Schorndorf: Hofmann. S. 265–274.

Zaciorskij, V. M. (1972): Die körperlichen Eigenschaften des Sportlers. 1. Aufl. Berlin: Bartels & Wernitz. S. 49.

Zimmermann, K. (2000): Gesundheitsorientiertes Muskelkrafttraining. Theorie, Empirie, Praxisorientierung. Schorndorf: Hofmann. S. 26, S. 90-10

10. Anhang

Verletzungen und Überlastungsschäden im Fitnessstudio

Dieser Fragebogen ist Teil einer Studie zu Verletzungen und Überbelastungsschäden im Fitnessstudio.
Die Studie ist Bestandteil einer Bachelorarbeit der Universität Osnabrück des Fachgebiets Sport.
Durch das Ausfüllen des Fragebogens wird akzeptiert, die gesammelten Daten für diese Zwecke nutzen zu dürfen.
Der Fragebogen ist anonym!

1. **Geschlecht**
   - a ☐ Weiblich
   - b ☐ Männlich
2. **Alter**
   _____ Jahre
3. **Größe**
   _____ cm
4. **Gewicht**
   _____ kg
5. **Fitnessstudio**
   - A ☐ Aktivital OSC
   - B ☐ Gesundheits- und Fitnessstudio WSV
   - C ☐ McFit
   - D ☐ Sonstiges _____
6. **Überwiegende Arbeitsbelastung**
   - A ☐ Sitzende Tätigkeit
   - B ☐ Stehende Tätigkeit
   - C ☐ Überkopfarbeiten
   - D ☐ Arbeiten auf dem Boden
   - E ☐ Tätigkeiten mit schweren Lasten
   - F ☐ Keine
   - G ☐ Sonstige _____
7. **Sportliche Belastung**
   - A ☐ Fitnessstudio
   - B ☐ Fußball
   - C ☐ Handball
   - D ☐ Basketball
   - E ☐ Volleyball
   - F ☐ Rückschlagspiele
   - G ☐ Kampfsport
   - H ☐ Turnen / Gymnastik
   - I ☐ Tanzen
   - J ☐ Laufen
   - K ☐ Schwimmen
   - L ☐ Fahrrad
   - M ☐ Sonstige _____

   Hauptsportart:
8. **Hauptsportart neben dem Fitnessstudio**
   - a ☐ Fußball
   - b ☐ Handball
   - c ☐ Basketball
   - d ☐ Volleyball
   - e ☐ Rückschlagspiele
   - f ☐ Kampfsport
   - g ☐ Turnen / Gymnastik
   - h ☐ Tanzen
   - i ☐ Laufen
   - j ☐ Schwimmen
   - k ☐ Fahrrad
   - l ☐ Keine
   - m ☐ Sonstige _____

   Wenn keine weitere Sportart betrieben wird, die Fragen 9-12 übergehen
9. **Wie viele Jahre aktiv betrieben? (nicht Fitnessstudio)**
   - A ☐ 1-2 Jahre
   - B ☐ 3-5 Jahre
   - C ☐ 6-10 Jahre
   - D ☐ 10-20 Jahre
   - E ☐ Über 20 Jahre
10. **Trainingstage in Hauptsportart / Woche**
    _____ Tage
11. **Trainingsfreie Monate / Jahr**
    _____ Monate

    Ist die Saison in der jeweiligen Sportart in mehrere Phasen gegliedert (Aufbauphase, Wettkampfphase, Ruhephase, Winterpause etc.) und welchen Zeitraum umfassen diese?
12. **Besonderheiten im Saisonplan**
    _____
    _____
    _____
    _____

Fitnessstudio:
13. **Trainingserfahrung im Fitnessstudio**
    _____ Jahre
14. **Trainingseinheiten pro Woche im Fitnessstudio**
    _____ Einheiten

Bei einem Splitplan werden die zu trainierenden Körperregionen auf mehrere Trainingstage aufgeteilt (z.B. Montag: Brust & Triceps; Mittwoch: Rücken & Biceps; Freitag: Beine & Bauch)
15. **In wie viele Teile ist der wöchentliche Trainingsplan gesplittet (Split-Plan)**
    - a ☐ 1
    - b ☐ 2
    - c ☐ 3
    - d ☐ 4
    - e ☐ 5
    - f ☐ 6
    - g ☐ 7
16. **Wie viele Ruhetagen liegen in der Regel zwischen 2 Einheiten**
    - A ☐ 0
    - B ☐ 1
    - C ☐ 2
    - D ☐ 3
    - E ☐ 4

Verletzungen und Überlastungsschäden im Fitnessstudio   Seite 2

17. **Trainingslänge pro Einheit im Fitnessstudio**
    Minuten
18. **Anzahl Ruhetage / Woche (Sportliche Belastung insgesamt)**
    Tage
19. **Anzahl Ruhemonate / Jahr (Fitnessstudio)**
    Monate
20. **Ziele im Fitnessstudio**
    - A ☐ Kraftzuwachs
    - B ☐ Ausdauer
    - C ☐ Gewichtsreduktion
    - D ☐ Allgemeine Fitness
    - E ☐ Gesundheit
    - F ☐ Aussehen
    - G ☐ Soziale Kontakte
    - H ☐ Sonstige

Die Antworten der Fragen 21-23 müssen zusammen 100% ergeben

21. **Trainingsanteil Kraft**
    %
22. **Trainingsanteil Ausdauer**
    %
23. **Trainingsanteil Beweglichkeit / Stretching / Koordination**
    %

Die Antworten der Fragen 24-27 müssen zusammen 100% ergeben. Sie beziehen sich ausschließlich auf das Krafttraining

24. **Kraftanteil Maximalkraft (1-7 Wdh.)**
    %
25. **Kraftanteil Hypertrophie (8-14 Wdh.)**
    %
26. **Kraftanteil Kraftausdauer (15-100 Wdh.)**
    %
27. **Kraftanteil Schnellkraft/Reaktivkraft**
    %

Alle Trainingsmethoden die einen Anteil >10% am Training haben sind anzukreuzen. Unbekannte Trainingsmethoden im Zweifel bitte nicht ankreuzen

28. **Trainingsmethode beim Krafttraining**
    - A ☐ Maximalkraft
    - B ☐ Hypertrophie
    - C ☐ Kraftausdauer
    - D ☐ Pyramide
    - E ☐ konzentrisch isoliert
    - F ☐ exzentrisch isoliert
    - G ☐ statisch / isometrisch
    - H ☐ Sonstige

Die Antworten der Fragen 29-31 müssen zusammen 100% ergeben

29. **Anteil Oberkörpertraining**
    %
30. **Anteil Unterkörpertraining**
    %
31. **Anteil Rumpftraining**
    %
32. **Häufigkeit des Aufwärmprogramms**
    - a ☐ Immer
    - b ☐ Meistens
    - c ☐ Gelegentlich
    - d ☐ Nie
33. **Cardiogerät**
    - A ☐ Laufband
    - B ☐ Fahrrad
    - C ☐ Crosstrainer
    - D ☐ Ruderergometer
    - E ☐ Sonstiges
34. **Aufwärmprogramm Cardio**
    Minuten
35. **Aufwärmprogramm spezifisch (vor jeder Übung)**
    - A ☐ Dehnung
    - B ☐ Mobilisation
    - C ☐ Satz mit geringerem Gewicht
    - D ☐ Satz ohne Gewicht
    - E ☐ Keine
    - F ☐ Sonstige
36. **Unterstützende Nahrungsergänzungsmittel**
    - A ☐ Proteinprodukte
    - B ☐ Vitamine
    - C ☐ Mineralien
    - D ☐ Kreatin
    - E ☐ Keine
    - F ☐ Sonstige
37. **Physische Erkrankungen / Verletzungen seit 01.01.2011**
    - A ☐ Reizungen, Entzündungen und Verschleiß der verschiedenen Gelenke
    - B ☐ Überbelastung der passiven Strukturen wie Bänder, Sehnen, Knorpel
    - C ☐ Zerrungen und Risse der Muskulatur
    - D ☐ Herzgefäßerkrankungen
    - E ☐ Regelmäßig starker Muskelkater
    - F ☐ Sonstige

Verletzungen und Überlastungsschäden im Fitnessstudio   Seite 3
Wenn Sonstiges angekreuzt wird, bitte genau die Körperregion angeben (z.B. den betroffenen Muskel)
38. **Schmerzlokalisationen**
    - A ☐ Schulter
    - B ☐ Ellenbogen
    - C ☐ Knie
    - D ☐ Hüfte
    - E ☐ Füße
    - F ☐ Handgelenke
    - G ☐ Wirbelsäule
    - H ☐ Sonstiges (z.B. Muskulatur) _____

Vermutete Ursachen der bei Frage 38 genannten Schmerzen / Verletzungen

	Schulter	Ellenbogen	Knie	Hüfte	Füße	Handgelenke	Wirbelsäule	Sonstiges
39. Hauptsportart (nicht Fitness)	☐	☐	☐	☐	☐	☐	☐	☐
40. Überbelastung	☐	☐	☐	☐	☐	☐	☐	☐
41. Vorerkrankung	☐	☐	☐	☐	☐	☐	☐	☐
42. Übermüdung	☐	☐	☐	☐	☐	☐	☐	☐
43. Selbstüberschätzung	☐	☐	☐	☐	☐	☐	☐	☐
44. Mangelndes Warm-Up	☐	☐	☐	☐	☐	☐	☐	☐
45. Konzentrationsschwäche	☐	☐	☐	☐	☐	☐	☐	☐
46. Fehlbelastung (fehlerhafte Technik)	☐	☐	☐	☐	☐	☐	☐	☐

Möglichst genau die Erkrankungen beschreiben
47. **Beschreibung des Krankheitsbildes (Diagnose)**
_____
_____
_____

48. **Bei welchen Bewegungen entstehen / entstanden Schmerzen?**
_____
_____
_____

Medizinische Behandlung
49. **Schulter**
    - A ☐ Nein
    - B ☐ Arztpraxis
    - C ☐ Krankenhaus / OP
    - D ☐ Physiotherapie
50. **Ellenbogen**
    - A ☐ Nein
    - B ☐ Arztpraxis
    - C ☐ Krankenhaus / OP
    - D ☐ Physiotherapie
51. **Knie**
    - A ☐ Nein
    - B ☐ Arztpraxis
    - C ☐ Krankenhaus / OP
    - D ☐ Physiotherapie
52. **Hüfte**
    - A ☐ Nein
    - B ☐ Arztpraxis
    - C ☐ Krankenhaus / OP
    - D ☐ Physiotherapie
53. **Füße**
    - A ☐ Nein
    - B ☐ Arztpraxis
    - C ☐ Krankenhaus / OP
    - D ☐ Physiotherapie
54. **Handgelenke**
    - A ☐ Nein
    - B ☐ Arztpraxis
    - C ☐ Krankenhaus / OP
    - D ☐ Physiotherapie
55. **Wirbelsäule**
    - A ☐ Nein
    - B ☐ Arztpraxis
    - C ☐ Krankenhaus / OP
    - D ☐ Physiotherapie
56. **Sonstiges**
    - A ☐ Nein
    - B ☐ Arztpraxis
    - C ☐ Krankenhaus / OP
    - D ☐ Physiotherapie
57. **Dauer der Sportpause**
    - A ☐ 0 Tage
    - B ☐ 1-3 Tage
    - C ☐ 4-7 Tage
    - D ☐ 1-2 Wochen
    - E ☐ 2-4 Wochen
    - F ☐ 1-2 Monate
    - G ☐ Mehr als 2 Monate
58. **Regelmäßige Medikamenteneinnahme**
    - A ☐ Nein
    - B ☐ Ja (Welches?) _____
59. **Akute Sporteinschränkung**
    - a ☐ Nicht eingeschränkt
    - b ☐ In Hauptsportart eingeschränkt
    - c ☐ Im Fitnessstudio eingeschränkt
    - d ☐ In beiden Sportarten eingeschränkt

Vielen Dank für die Teilnahme

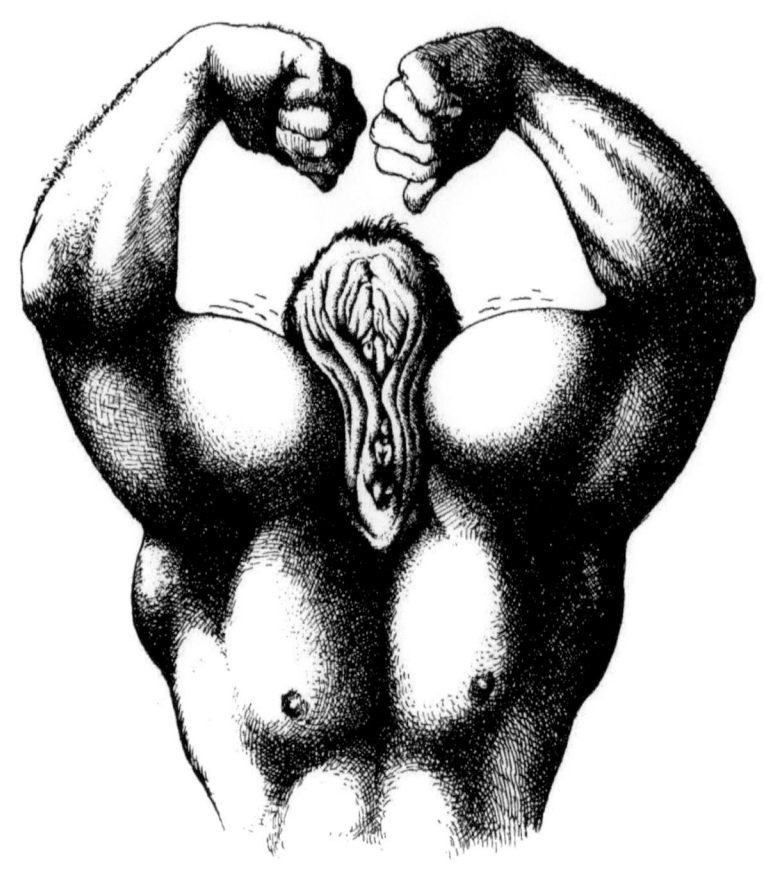

(Serre, 1977)